Georg Kupke

Das Reichsvikariat und die Stellung des Pfalzgrafen bei Rhein

bis zu Sigmunds Zeit

Georg Kupke

Das Reichsvikariat und die Stellung des Pfalzgrafen bei Rhein bis zu Sigmunds Zeit

ISBN/EAN: 9783743667679

Hergestellt in Europa, USA, Kanada, Australien, Japan

Cover: Foto ©ninafisch / pixelio.de

Weitere Bücher finden Sie auf **www.hansebooks.com**

Das Reichsvicariat und die Stellung des Pfalzgrafen ...

Georg Kupke

MEINEN LIEBEN ELTERN.

Fragen aus der deutschen Verfassungsgeschichte auf Grund des uns überlieferten Quellenstoffes zu behandeln, ist immer schwierig. Die Anschauungen, die das Mittelalter von den einzelnen Reichsämtern, den Befugnissen der einzelnen Einrichtungen hatte, sind so unklar, die Quellen, die uns zu Gebote stehen, so spärlich und so oft in tendenziöser Weise gehalten, dass Sicherheit der Erkenntnis zu erhalten beinahe unmöglich ist.

So steht es auch mit der Reichsverweserschaft und den Ansprüchen der Pfalzgrafen bei Rhein auf sie. Der Zweck der vorliegenden Arbeit soll nun sein: einmal, was bisher noch nicht im Zusammenhange geschehen ist, die einzelnen Reichsvikare bis zu den Zeiten Kaiser Sigmunds zu verfolgen, deren Rechte und Thätigkeiten so weit als möglich klarzulegen, dann nachzuforschen, welche Befugnisse die Pfalzgrafen bei Rhein gehabt haben, wie diese entstanden sind und in wie weit sie auf einer geschichtlichen Grundlage beruhen.

Als die gegebene erste Vertreterschaft des Königs, die einen stehenden Charakter trug, möchte ich das Herzogtum bezeichnen, wie es sich uns unter Otto I. darstellte. Schon Heinrich I. hatte versucht, den Herzog in grössere Abhängigkeit vom Könige zu bringen. Otto I. strebte nun darnach, dem Herzogtum den Charakter eines Amtes zu geben. Die neuen Herzoge, die er in Sachsen und Lothringen einsetzte, sollten nicht selbständige Gewalten, sondern vielmehr Vertreter des Königs sein. Ihre Amtsgewalt und ihren

Verwaltungsbezirk erhielten sie vom Könige. An seiner Stelle vollzogen sie die Aufträge, die er ihnen erteilt hatte; sie handeln, wie es einmal heisst, mit Erlaubnis des Königs. Der Herzog hat die Gerichtsbarkeit auszuüben, die Versammlungen der Grossen einzuberufen und zu leiten. Wiederholt ist der Landfrieden unter der Leitung des Herzogs beraten worden. Hier finden wir die Herzöge zuerst vice regis die Leitung der Regierungsgeschäfte führen.*)

Notwendig wird eine Vertretung, wenn der König sich zu einer Romfahrt anschickt. Die ersten Vertretungen dieser Art finden wir unter Otto I. Wir müssen hierbei zwei Fälle berücksichtigen. Der berufene Vertreter des Königs ist sein Sohn. Stand dieser in unmündigem Alter, so war es notwendig, für die Zeit der Abwesenheit eine vormundschaftliche Regierung einzusetzen. Hatte der König keinen Sohn, und drängten die Verhältnisse, Deutschland zu verlassen, so musste der König aus seiner Umgebung einen Mann auswählen, den er auf diesen wichtigen Posten zurückliess.

Als erster Vormund und Leiter eines jungen Königssohnes erscheint Wilhelm, Erzbischof von Mainz, der Bruder Ottos II., der für diesen 962**) und 967***) die Geschäfte des Reiches führt, während ihr Vater in Italien zu thun hat. Als eigentlicher Reichsverweser ist neben ihnen und unabhängig von ihnen der Erzbischof Bruno anzusehen, der im Namen des Kaisers die Verwaltung von Lothringen in der Hand hat †). 997 bestellt Otto III., ehe er seinen Römerzug unternimmt, seine Tante Mathilde, die Äbtissin von Qued-

---
*) Adam. Brem. M. G. SS. VII, 308 Hermauo primum tutelae vicem Saxonia constituit.

**) Ruotger IV, 270. Hunc archiepiscopis patruo fratrique commendatum ad custodiam regni cisalpini reliquerat vgl. Vita Mathildis IV, 297.

***) Ann. Saxo VI, 621: Wilhelmus filius imperatoris Moguntinus archiepo., cui cura ab imperatore domino et parente suo commissa fuit... ceteraque regni necessaria regendi, vgl. Thietmar III, 749.

†) Beyer Mittelrh. Urkundenb. I, 271: perrexit ad domnum Brunonem,.. qui tunc principatum totius regi post ipsum tenebat.

linburg zur Reichsverweserin*). Heinrich II. ernennt zu Augsburg am 21. März 1004 seine Gemahlin zur Verweserin im Reiche. Die Sorge für sie überträgt er dem Erzbischof Tagino von Magdeburg**)
Konrad II. lässt 1026 seinen jungen Sohn, den König Heinrich in Deutschland zurück. Die vormundschaftliche Regierung führt der Bischof Bruno von Augsburg, der Bruder des Kaisers Heinrich II. Die Übertragung findet in Tribur und dann noch einmal in feierlicher Reichsversammlung in Augsburg statt***). Welche Anordnungen im Einzelnen Heinrich IV. 1090 getroffen hat, ist unbekannt. Wir hören, dass er den Pfalzgrafen Heinrich von Laach zum Statthalter ernannt habe, doch finden wir keine Spur von einem wirksamen Eingreifen des Pfalzgrafen in die grossen Parteikämpfe, die auch während der Abwesenheit des Königs fortdauerten. Ohne die eine uns überlieferte Urkunde würden wir keine Kenntnis von seiner Statthalterschaft haben†).

Giesebrecht hat in der neuestenAusgabe seinerDeutschen Kaiser-Geschichte ††) die früher von ihm aufgestellte Behauptung, Theoderich von Lothringen habe neben dem Pfalzgrafen Vikariatsrechte ausgeübt, zurückgenommen und sich der Ansicht von Waitz angeschlossen, welcher annimmt, Theoderich sei in der betreffenden Urkunde †††) nicht als Vertreter des Kaisers, sondern als Herzog von Lothringen genannt.

---

*) Thietmar, III, 779. commissa erat regni illius cura venerabili abbatissae Mathilde.

**) Thietmar, III, 805. reginae diligenti salutatione licenciam dedit ad Saxoniam abeundi dilectoque eam commisit Tagioni.

***) Wipo Vita Chuonr. XI, 264: Henricum Brunoni Augustensis ecclesiae episcopo in tutelam commendavit.

†) Mittelrhein. Urkundenb. II, 22: Henrico palatino nostro, cui u. d. nostro gl. imperatore aug. Henrico in Italiam exercitum ducente imperii commissae sunt habenae.

††) III. (1890) S. 1180.

†††) Meurisse hist. de Metz 377. anno 1090 .. monarchiam autem regni tenente duce Theodorico.

Im Jahre 1116 überträgt Heinrich V. die Leitung der Reichsgeschäfte dem Herzog Friedrich von Schwaben und dem Pfalzgrafen Heinrich von Calw. Ob Konrad, Friedrichs Bruder, zugleich mit letzterem Vikar gewesen ist, ist zweifelhaft. Wenn auch Otto von Freising dies angiebt*), allerdings als einzige Quelle, so muss man berücksichtigen, dass Otto viel später geschrieben hat und vielleicht bei seinem Bestreben, dem Stauferhaus recht viele und bedeutende Ehrenämter zuzuschreiben, diese Nachricht hinzugefügt hat. Man kann Otto in dieser Frage ebensowenig unbedingt zustimmen wie der Chronik von Petershausen**), die nur Friedrich nennt. Beide Quellen sind später als die Briefe im Codex Udalrici und die Angabe des Chron Lauresbamense. Diese beiden Quellen nennen neben Friedrich den Pfalzgrafen***). Da wir uns im Codex Walrici auf urkundliche Zeugnisse stützen können, auf einen Brief des Kaisers an die Mainzer Bürger†) und auch ein Schreiben des Klerus von Mainz an den Kaiser††), so werden wir wohl annehmen können, dass Friedrich und Gottfried Vicare gewesen sind.

Unter Konrad III. nahm 1147 auf dem Reichstage zu Frankfurt, als es sich um die Vertretung des Kaisers während des Kreuzzuges handelte, der Erzbischof von Mainz dieses Vorrecht in Anspruch, indem er sich darauf stützte, dass dies

---

*) Otto Frising. Chron. VII c. 15: Hinc etiam publica bella cum magna sanguinis effusione, tam praesente imperatore quam in Italiam migrante rerumque summam sororiis suis Counrado et Frederico committente.

**) Cas. Peterh. XX, 659: Frederico duci Suevorum summam rerum commendavit et ipse in Italiam secessit.

***) Chron. Lauresham. XXI, 434.

†) Codex Udalr. Bibl. rer. Germ. V, 177: Idcirco... monemus vos omnes per fidem et obsides. — quatinus obsidibus vestris consulentes et sacramentis praecaventes, eundem perjurum vestrum et nostrum et scilicet dictum episcopum civitatem nullatenus intrare permittatis, sed quasi scopsis ab eo mandaium, cum Frederico duce Godefrido palatino comite. — servare studeatis.

††) A. a. O.: 176. Praeterea ducem Fredericum, cuius fidei nos commisistis, palatinum ceterosque amicos vestros — intime rogare dignemini, quantinus honorem cleri nostri defendant. —

von Alters her dem Erzbischof gebühre. Er dachte dabei wahrscheinlich an die vormundschaftliche Regierung, die Erzbischof Wilhelm geführt hat. Das Vorrecht wird ihm diesmal wohl auch bewilligt worden sein, da ihn im Jahre 1148 der König Heinrich in einem Briefe an den Papst den „gubernator regni" nennt *).

Dass die Besorgung der Reichsgeschäfte nicht an den Erzbischof, sondern an den Abt Wibald von Stablo übergeht, wie Giesebrecht annimmt, ist wohl nicht richtig; ich möchte darin lieber der Ansicht von Bresslau folgen, welcher meint, der Erzbischof habe die Verweserschaft übernommen, der König habe aber auch Wibald gebeten, sich seinerseits mit dem jungen Könige zu beschäftigen und auf seine Erziehung fördernd einzuwirken **).

Wie Friedrich I. bei seinen Römerzügen die Leitung des Reiches geregelt hat, wissen wir nicht. Ebenso wenig sind wir über die dahin gehenden Beschlüsse Heinrichs VI unterrichtet.

Als Otto IV. 1209 seinen Römerzug unternahm, bestellte er seinen Bruder, den Pfalzgrafen Heinrich und den Herzog von Brabant zu Verwesern des Reiches ***).

Es sind also vorwiegend Männer aus der nächsten Verwandtschaft, denen der König die Vormundschaft übertragen hat. Als Verweser finden sich auch Pfalzgrafen, doch ist irgend ein Vorrecht derselben nicht zu erkennen.

So kennen wir wohl die Namen einzelner Männer,

---

*) Wibaldi Ep. Bibl. rer. Germ. I, 116: Morem regni nobis a deo collati vestram prudentiam ignorare non credimus in eo videlicet quod Moguntinus archiepc. ex antiquo sue ecclesie et privilegio dignitatis sub absencia principis custos regni et procurator esse, dignoscitur..... nostram aetatem et regni gubernationem patri nostro Moguntino omnium principum favente, magna cum attentione commisit.

**) Bresslau 547.

***) Caesarius Heisterb. I, 31: Eo tempore, quo rex Otto profectus est Romam coronari, imperium super Mosellam fratri suo Henrico, palatino regendum commisit; Ficker Engelbert von Cöln 107 Anm. 3.

denen die Kaiser die Leitung der Reichsangelegenheiten übertragen haben, aber nicht ihre Befugnisse. Bei einigen ist es die Vormundschaft für den jungen Königssohn, an dessen Stelle sie regieren, bei den andern finden wir nichts als die blosse Angabe, sie hätten im Namen des Kaisers die Geschäfte des Reiches geführt. Wir wissen nicht, ob sie vollkommen selbstständig handeln konnten oder ob sie in der Ausübung ihrer Rechte an kaiserliche Vorbehalte gebunden waren. Waren zwei Vikare im Reiche, wie waren die Befugnisse dieser? Herrschten sie gemeinsam oder hatte jeder die Leitung eines Teiles des Reiches? Nirgends sind Urkunden vorhanden, die uns einen sicheren Anhalt zur Erkenntnis ihrer Befugnisse geben können.

Über all diese Fragen zu einer befriedigenden Lösung zu gelangen, wird wohl nicht gelingen, da die kärglich fliessenden Quellen einen tieferen Einblick nie gestatten werden. Nur soviel möchte ich behaupten: der Anspruch einzelner Fürsten zeigt sich im allgemeinen noch nicht. Denn wenn auch 1147 der Erzbischof von Mainz die Forderung stellte, das Vertretertum sei ein dem Erzbistum Mainz gebührendes Vorrecht, so findet sich später nie mehr eine Rücksicht und ein Zurückgreifen auf diese Forderung. Es hat vielmehr ganz in dem Willen des Kaisers gelegen, wem er dieses wichtige Reichsamt übertragen wollte.

Nähere Angaben finden wir über die Vertretungen, die Kaiser Friedrich II. angeordnet hat. 1216 verwaltete Gerhard von Sinzig die Einkünfte des Reiches in der Gegend von der Mosel abwärts*). Es handelte sich hier wohl mehr um eine Vertreterschaft des Kaisers auf seinen Hausgütern als um eine Verweserschaft in Reichslanden. Eine ähnliche Stellung, wenn auch mit grösseren Vollmachten, worauf das plenitudo jurisdictionis hindeutet, hat 1219 Heinrich von Braunschweig in der Gegend zwischen Weser und Elbe erhalten**). Als 1221 Engelbert von Köln Verweser des

---
*) Ficker. Die Regesten des Kaiserreichs 1198—1272 n. 853.
**) Boehmer. Die Regesten des Kaiserreichs 1198—1254, Reichssachen S. 372.

ganzen Reiches wurde, ist es zweifelhaft, ob der Verwaltungsbezirk Heinrichs in den des ganzen Reiches hineingezogen wurde, oder ob er selbstständig neben dem Bezirk des Erzbischofs erhalten blieb.

Engelbert von Cöln ist der erste, über dessen Wirksamkeit als Vikar wir genauer unterrichtet sind, obwohl das oft bemerkte Eingreifen des Kaisers noch nicht die Möglichkeit gewährt, alle die ihm zustehenden Befugnisse bestimmter klar zu legen.

Da Kaiser Friedrich sich infolge der italienischen Verhältnisse länger, als er gedacht hatte, von Deutschland ferngehalten sah, übertrug er 1221 die Sorge um den jungen König und die in dessen Namen zu führende Vertretung der Reichsgeschäfte dem Erzbischof Engelbert v. Cöln. Engelbert wird gerühmt als ein unsichtiger, willensstarker Mann, der mit aller Kraft dahin strebte, die Ehre des Reiches aufrecht zu halten, in die zerrüttete Lage wieder Ordnung und Ruhe zu bringen und namentlich durch die Wahrung des Friedens Kaufleuten und Reisenden sichere Strassen und Wege zu schaffen.

In die Zeit seiner Verweserschaft fallen in auswärtigen Fragen die Verhältnisse zu Frankreich, welches den Krieg mit England wieder aufgenommen hatte, und zu Waldemar, den König von Dänemark.

Als dieser in der Nacht vom 6. zum 7. Mai 1223 in die Hand des Grafen Heinrich von Schwerin gefallen war, bemühte sich Engelbert, die Auslieferung Waldemars an das Reich zu erlangen, um dann als Lösegeld die 1214 abgetretenen Reichslande jenseits der Elbe und Elde wiederzugewinnen, dazu das deutsche Holstein mit Hamburg und Lübeck und die slavischen Lande, die unter Heinrich dem Löwen von den Deutschen erobert worden waren. Zu diesem Zwecke ging Engelbert mit dem Könige nach Nordhausen, wo am 24. September mit Heinrich ein Vertrag abgeschlossen wurde, nach welchem Heinrich 50000, seine Freunde 2000 Mark Silber nebst grossen Vorrechten für die Herausgabe des Königs erhalten sollten.

Die Dänen hatten sich inzwischen an den Papst Honorius gewendet, und dieser nahm für sie Partei, indem er namentlich das unwürdige Verhältnis betonte, dass der König sich in der Gefangenschaft eines seiner Vasallen befände. Dies gab Engelbert zu; doch so gerne er auch diesem Zustande ein Ende machen wolle, könne es nur geschehen, wenn Waldemar sich zur Abtretung der Reichsländer verstehen wolle. Auserdem solle er einen Kreuzzug unternehmen oder 25000 Mark zahlen. Auf diese Bedingungen hin begannen am 10. Oktober 1224 die Verhandlungen zu Bardewick, die aber an dem Vertragsbruch des Grafen von Orlamünde scheiterten. Nach dem Tode Engelberts erhielt Waldemar durch einen Vertrag mit Heinrich von Schwerin seine Freiheit wieder. Die Eider wurde deutsche Grenze, doch von dem Kreuzzuge und der Lehnsoberhoheit des Reiches war keine Rede mehr.

In den Verhandlungen mit Frankreich zeigte Engelbert eine Politik, die ganz im Widerspruch mit der des Kaisers stand.

Friedrich hatte sich mit Frankreich verbündet und forderte nun von Italien aus seinen Sohn auf, diesem Bündnisse beizutreten. Am 18. November 1224 sollten sich die Fürsten an der Reichsgrenze zwischen Toul und Vaucouleur treffen. Trotz der langen Verhandlung aber und trotz des kaiserlichen Gebotes war Engelbert auf das entschiedendste dagegen, einen Vertrag mit Frankreich abzuschliessen. Und wenn es ihm auch nicht gelang, den Kaiser von der Notwendigkeit, Frankreichs Seite zu verlassen und sich mit England zu verbinden, zu überzeugen, so ist er doch sein Leben hindurch für Frankreich das Hindernis gewesen, an dem deutschen Reiche einen Verbündeten gegen England zu erhalten.

Erst am 11. Juni 1226 nach dem Tode Engelberts unter der Verweserschaft des Herzogs Ludwig von Baiern ist das Bündnis mit Frankreich abgeschlossen worden.

Dass Engelbert in den auswärtigen Angelegenheiten so selbstständlich vorging, je eine Sache vertrat, die den Wünschen des Kaisers nicht angenehm war, ist ein Ausnahmefall. In seinen Verfügungen im Innern finden wir ihn oft an die Bestätigung des Kaisers gebunden.

So bestätigt der Kaiser die auf seine Veranlassung durch den Erzbischof von Cöln, „cui gabernationem imperii in partibus Germaniae nec non tutelam filii nostri Henrici commisimus", bewirkte Übergabe des durch Nachlässigkeit der Äbte und Mönche in Verfall gekommenen Klosters Burtscheid an die Cisterziensernonnen vom Salvatorsberg bei Aachen *).

In einem anderen Falle bedarf die von Engelbert den Bürgern von Oppenheim festgesetzte Bannmeile der Bestätigung des Kaisers **). In ähnlicher Weise wird ein Vergleich zwischen dem römischen Könige und den Erwählten der Stadt Strassburg nur unter Vorbehalt der Genehmigung des Kaisers getroffen ***).

Ebenso kann die Schlichtung des Streites zwischen Ludwig und dem Reichsdienstmann von Erbach nur unter Vorbehalt der Bestätigung des Kaisers angenommen werden †).

Ja, der Kaiser behält sich das Recht vor, einen von der Reichsregierung gefällten Spruch durch sein Urteil rückgängig zu machen. So muss Heinrich auf Befehl seines Vaters dem Abt von Corvei den Besitz von Marsberg restituieren, welchen er auf dem Hoftage in Würzburg dem Erzbischofe von Cöln zum Nachteile des Abtes gegeben hatte ††).

Bald nach Engelberts Tode geriet das deutsche Reich wieder in unruhige und friedlose Zustände. Der neue Reichsverweser war Herzog Ludwig von Baiern, der sich aber wenige Jahre darauf, wahrscheinlich auf Betrieb der kirchlichen Oppositionspartei, vom Hofe zurückzog. Der offene Bruch musste sehr rasch eingetreten sein; während wir den Herzog noch Anfang September 1229 am Hofe finden, hören wir im Spätherbst, dass König Heinrich in einen Krieg mit dem Baiern verwickelt sei.

*) Ficker n. 1377.
**) F. n. 1685.
***) F. n. 3890.
†) F. n. 3894.
††) F. n. 4097.

Nun herrschte König Heinrich im Reiche allein. Aber die vielen Fehden und kleinen Kriege, die sich infolge der Excommunication des Kaisers entspannen, dann der Zwist zwischen Vater und Sohn und die für das Reich so nachteiligen Folgen, die dieses Verhältnis nach sich zog, verlangten schliesslich ein persönliches Eingreifen des Kaisers. 1235 kam dieser nach Deutschland, und da der widerspenstige Sohn sich den Wünschen des Vaters nicht fügen wollte, wurde er abgesetzt und als Gefangener nach Italien geführt.

Die Stellvertretung im Reiche wurde dem jungen König Konrad übertragen, die Pflegerschaft übernahm der Erzbischof von Mainz, Sigfrid von Eppstein*). Aber die Freundschaft, welche König und Erzbischof verknüpfte, sollte nicht lange Bestand haben. Schon im Jahre 1241 im Oktober scheint der Kaiser gemerkt zu haben, dass Sigfrid im geheimen sich von ihm abgewendet habe und beginne, die Häupter der antikaiserlichen Partei um sich zu sammeln**). Und diese Voraussicht sollte ihn nicht täuschen. Denn schon 1242 sehen wir Sigfrid im offenen Kampfe mit König Konrad, der verheerende Einfälle in das Besitztum des Erzbischofs macht. Die Pflegerschaft hatte, wahrscheinlich im Frühjahr 1242, der Landgraf von Thüringen Heinrich Raspe, übernommen. Seine erste Erwähnung finden wir am 1. Mai. König Konrad beruft sich auf den Rat desselben, „quem augustus pater noster procuratorem nobis et Imperio deputavit per Germaniam***). Bald darauf bekundet der Landgraf dem Ritter Ulrich von Balgestete eine Schenkung an das Kloster Pforta als sacri imperii per Germaniam procurator†).

Vier Jahre verwaltete der Landgraf das Reich, da gelang es der kirchlichen Partei, ihn vom Staufischen Hause abwendig zu machen und durch die am 22. Mai 1246 bei Würzburg stattgehabte Wahl dem Kaiser in ihm einen Gegenkönig entgegenzustellen.

*) F. n. 4390.
**) F. n. 3239.
***) F. n. 4861b.
†) F. n. 4862.

Die nächste Vertretung findet unter Wilhelm von Holland statt. Dieser ernannte am 21. März 1255 von Wetzlar aus den Grafen Adolf von Waldeck zum Reichshofrichter. Er erklärt, da er nicht überall persönlich zugegen sein kann, habe er den Grafen Adolf als „generalem justiciarium nostrum et rei publicae" eingesetzt*). Das Amt des Hofrichters hatte Friedrich II. 1235 auf dem Reichstage zu Mainz eingerichtet. Dieser Justitiarius sollte ständiger Vorsitzender eines täglich tagenden Hofgerichtes sein. Er führte dies Amt an Stelle oder in Vertretung des Kaisers, wenn dieser abwesend oder verhindert war. An diese Institution hat Wilhelm angeknüpft, aber die Befugnisse des Hofrichters erweitert. Die Einsetzung geschieht „pro tranquillo statu nostrorum et imperii fidelium". Der Hofrichter erscheint zu allen Handlungen befugt, so dass diese auch für den König verbindende Kraft besitzen. Ihm sollen alle Getreuen gehorchen, in seine Hände Lehns und Treueide leisten, alles nach seinem Rate ordnen, bis der König selbst zu ihnen käme, alle Verfügungen, welche Adolf träfe, alle Verbindlichkeiten, welche er einginge, sollten vom Könige als recht und bindend anerkannt werden. Es sind dies alles Befugnisse, welche weit über die Stellung eines Hofrichters hinausgehen und ich glaube nicht zu irren, wenn ich Adolf als Reichsvikar bezeichne.

Die erste Urkunde, die wir von ihm besitzen, zeigt ihn allerdings in der Ausübung eines richterlichen Urteils. Im Mai gebietet er dem Schultheissen Marquard von Oppenheim nach Beirat der Städte und von Rechts wegen den Decan und das Kapitel von St. Gercon in Cöln in den Besitz ihrer Güter zu Nachem im Namen des Königs einzuführen, indem der Herr von Hohenfeld zum Betreten des Rechtsweges vergeblich ermahnt worden sei**).

Eine Urkunde, die mehr der umfassenden Competenz des Amtes entspricht und gut als ein Akt der Reichsregierung

---
*) F. n. 5246.
**) Gudenus Cod. dipl. Mag. I, 651.

angesehen werden kann, ist die Aufforderung, die er ebenfalls im Mai als „sacri imperii procurator generalis per Germaniam constitutus" an den Grafen Peter von Savoyen erlässt, es solle dieser die Rechte des Reiches in Bern, Murten, Basel und überhaupt im Reiche Burgund gegen Hartmann den jüngeren Grafen von Kiburg schützen. In ähnlicher Funktion vermittelt er auf dem Städtetage in Mainz, gestützt auf sein Amt, nicht als Mitglied des Bundes, an stelle des Königs zwischen den Herren und Städten. Eine Bestätigung erhalten wir aus einem Schreiben der Ratmannen und Richter von mehr als siebenzig oberdeutschen Städten an den König Wilhelm, worin diese mitteilen, dass auf ihrem gestern abgehaltenen Tage unter Vermittlung des Reichsjustitiarius Adolf von Waldeck Friede und Stillstand aller Kriege und Feindseligkeiten gemacht worden seien *).

Da Rudolf ebensowenig wie Adolf und Albrecht den Gedanken ausführen konnten, nach Italien zu gehen und sich mit der Kaiserkrone zu schmücken, war die Ernennung eines Vicars für ganz Deutschland unnötig. Eigenthümlich ist Rudolf die Ernennung von Vicaren für einzelne Theile des Reiches. Seinen Sohn Albrecht bestellte er 1281 zum Generalvicar in den östlichen Landen**). 1277 betraute er die Herzöge Albrecht von Sachsen und Albrecht von Braunschweig, 1280 nochmals ersteren und die brandenburgischen Markgrafen mit der Pflege der nordischen Reichsstädte und der Verweserschaft in Sachsen, Thüringen und Slavien, 1290 gab er dem Grafen Rainald von Geldern den Reichsvicariat über die Friesen, soweit sie nicht unter dem Grafen von Holland standen***).

Albrecht ernannte noch vor seiner Krönung den Böhmenkönig Wenzel zum Reichsvikar in Meissen, in der Ostmark und dem Pleissnerlande, das Amt trat Wenzel sofort an. Albrecht zahlte ihm damit den Preis dafür, dass er seine

---

*) Böhmer. Die Regesten des Kaiserreichs 1246—1318, Reichssachen n. 31, 33, 34.
**) B. S. 106.
***) B. n. 409, 1057.

Stimme bei der Königswahl erhalten hatte*). Erst als König Heinrich im Jahre 1310 den Zug nach Italien unternahm, wird ein Statthalter im Reiche eingesetzt. Der König ernennt im Juli zu Frankfurt seinen Sohn den König Johann von Böhmen zum Reichsvikar diesseits der Alpen auf 5 Jahre**). Da jedoch Johann nicht 14 Jahre zählte, traten ihm der Erzbischof von Mainz und der Graf Berthold von Henneberg als Berater zur Seite. Die beiden führten später, als Johann auf dem Wege nach Italien war, selbstständlich die Leitung der Reichsgeschäfte. Bald finden wir Johann in voller Thätigkeit. Am 19. Dezember giebt er seine Genehmigung zu dem zwischen den Bevollmächtigten seines Vaters und dem Markgrafen Friedrich von Meissen über die Landgrafschaft Thüringen und die Markgrafschaft Meissen abgeschlossenen Vertrag. Am 2. Mai 1311 bestätigt er von Brünn aus das Privileg, welches dem Grafen Berthold von Henneberg dahin vom König Albrecht gegeben war, dass Schloss und Stadt Wasungen Freiheit und Recht haben sollte wie die Reichsstadt Schweinfurt. Zum 6. Januar 1313 berief Johann einen Reichstag nach Nürnberg, der zahlreich besucht war. Auf diesem wurde beschlossen, dem König Heinrich nach Italien Hülfe zu bringen. Am 25. Januar nimmt er ein neues Kollegiatsstift in seinen Schutz. Am 9. Februar verleiht er dem Bischof Philipp von Eichstädt das Recht, im weissenburger Forst zu jagen. Am 29. März belehnt er den Abt Balduin von St. Emmeran mit den Reichslehen seines Klosters. Am 20. Juni genehmigt er einen Vertrag zwischen dem Bischof Friedrich von Augsburg und dem Landvogt von Schwaben Dietrich von Castell. Es war vom Bischof verlangt worden, 10 bewaffnete Reiter dem Kaiser nach Italien zu senden. Das zur Ausrüstung notwendige Geld sollte dadurch erlangt werden, dass die Vogtei über das Kloster St. Many in Füssen

---

*) B. Albrecht n. 4; vgl. Lindner, deutsche Gesch. unter den Habsburgern und Luxemburgern I, 127.
**) B. S. 276.

um 400 Mark Silber an die augsburgische Kirche verpfändet würde.

Da Johann die Absicht hatte, selbst nach Italien zu gehen, ernannte er am 1. September 1313 den Grafen Bertold von Henneberg und den Erzbischof Peter von Mainz zu seinen Stellvertretern. Diese Ernennung zeigt er am 13. September dem Bischof Johann von Prag und den Fürsten, Prälaten, Edlen und Städten in Böhmen an. Johann war schon auf dem Wege nach Italien, als die Nachricht von dem Tode des Kaisers eintraf. Natürlich gab er den Zug auf und kehrte in seine böhmischen Länder zurück. Die letzten Beurkundungen als Reichsvikar stammen aus dem Anfange des Jahres 1314 und sind an den Erzbischof Balduin von Trier. Die erste ist eine Quittung darüber, dass der Erzbischof ihm alle die Geldforderungen bezahlt habe, die er seinem Vater und ihm schuldig gewesen sei. In der zweiten überlässt er der Trierer Kirche das Schloss Mailberg, die Stadt Wittlich, die Vogtei derselben und das Schloss Saarburg*). 1331 ernennt Ludwig den Herzog Otto von Östreich zum Generalvicar des römischen Reiches; sein Amt solle er antreten, sobald der Kaiser über die Alpen oder den Thüringer Wald zöge**).

Am 7. Juli 1337 wurden der Graf Rainald von Geldern und Markgraf Wilhelm von Jülich zu Reichsvikaren in dem Bistum Cambray ernannt***). Es war dies der erste Schritt, den Ludwig gegen Frankreich that. Als Ludwig im Jahre 1333 den Gedanken hatte, abzudanken, verpflichtete sich Heinrich von Niederbaiern, dem König Philipp von Frankreich für den Fall, dass er zum König gewählt würde, an Frankreich alle Reichsrechte im Königreich Burgund und im Bistum Cambray zu verpfänden. Durch die Einsetzung von Reichsvikaren, deren franzosenfeindlichen Sinn man kannte,

---

*) Böhmer. Reg. imp. 1314—1347, S. 180 ff.
**) B. n. 1296 f; vergl. Lindner 406.
***) B. n. 1841.

gab jetzt der Kaiser deutlich zu erkennen, wie wenig er daran denke, diesen so lang ersehnten Wunsch Philipps in Erfüllung gehen zu lassen. Diesem ersten Schritte folgte bald ein zweiter. Bereits am 23. Juli schloss Ludwig ein Schutzbündnis mit England zum Kriege gegen Frankreich. Diese Thatsache findet weniger in der nahen Verwandtschaft als in dem mächtigen Einfluss, den England vor allem im Nord-Westen des Reiches ausübte, und besonders darin seine Erklärung, dass schon die Hälfte der Reichsfürsten, durch englisches Gold bewogen, dem Könige versprochen hatten, sich an dem Kriege gegen Frankreich zu seinem Gunsten zu beteiligen. Um nun diesem mit Eduard abgeschlossenen Bunde einen festen Halt zu geben, um ihn mit kaiserlicher Autorität auszustatten, verlieh ihm der Kaiser das Reichsvikariat in dem Lande auf dem linken Rheinufer das heisst in dem Gebiete, das der Stützpunkt zum Kriege werden musste*).

Die Annahme, Eduard habe das Vicariat über ganz Deutschland erhalten, ist wohl zurückzuweisen. Es lag ja für Ludwig keine Notwendigkeit vor, da er selbst im Reiche blieb, für dieses einen Stellvertreter zu setzen. Anders war es in den linkerheinischen Landen, wo es für Eduard von grossem Werte sein musste, unabhängig handeln zu können. Die erste Urkunde nennt ihn Vikar in den deutschen niederen Landen von Cöln abwärts.

Wenn Eduard einmal als sacri imperii romani per totam Alemanniam et Germaniam ac universas et singulas carum provincias sive partes vicarius generalis eine Urkunde ausstellt**), so ist das wohl mehr der allgemeine Titel eines Reichsvicars, als der Inbegriff der wirklichen Machtsphäre, deren Verwaltung in die Hand Eduards gelegt war.

Wenn Eduard dachte, mit der Bevollmächtigung zugleich auch die reale Macht zu besiegen, so sah er sich darin ge-

---
*) Lindner 447 ff.
**) B. S. 265.

täuscht. Denn kaum wollte er im Oktober von seiner neuen Würde Gebrauch machen, indem er die Fürsten zu einem Tage nach Heck entbot, so musste er die Erfahrung machen, wie Wenige seiner Aufforderung Folge leisteten. Weder der Bischof von Lüttich noch der Herzog von Brabant erschienen. Erst im Sommer 1339 versammelten sich die deutschen und englischen Schaaren. Aber der erste Einfall misslang, die deutschen Fürsten hatten keine Lust mehr, den Krieg fortzusetzen, der Papst näherte sich dem englischen Könige, und dieser liess den Vicariat fallen. Indessen war auch Ludwig der Streitigkeiten überdrüssig, die er mit Luxemburg und Östreich auszukämpfen hatte und sehnte sich darnach, endlich mit dem Papst in ein besseres Verhältnis zu treten und vor allem die Lösung von dem Banne zu erhalten. Dies konnte aber nur geschehen, wenn er sich von der Freundschaft zu England zurückzog. So widerrief er 1341 das Vikariat Eduards und versprach, den Frieden zwischen den beiden Mächten zu vermitteln*).

Karl IV. ernannte 1349 Heinrich von Brabant zu seinem und des Reiches Generalvikar, solange er jenseits der Alpen sei und versprach ihm, alle Ausgaben und Schäden, die er während der Zeit seines Vicariats haben würde, zu ersetzen**).

Es tritt nun hier wieder die Frage auf, wie sich dessen Verwaltungsbezirk unterschieden hat von dem des Erzbischof's von Trier, der seit 1349 Reichsvikar war. Hat Heinrich wirklich das Vikariat ausgeübt? Ich habe darüber nichts gefunden und muss die Sache unentschieden lassen.

Wir wenden uns nun zum Vikariat Balduins von Trier.

Gleich am Anfange seiner Regierung, am 9. Dezember 1346 schreibt Karl dem Erzbischof, er habe ihn per totam Germaniam et Galliam et terras adjacentes eisdem auctoritate nostra regia ac per totum nostrum comitatum Lutzellin-

---

*) B. n. 2184.
**) Huber: Die Regesten des Kaiserreichs unter Karl IV, n. 1094 f.

burgensem tamquam comes ejus zu seinem Stellvertreter ernannt*). Er habe dies gethan, damit während seiner Abwesenheit im Osten die Geschäfte in den Gegenden diesseits und jenseits des Rheins keine Vernachlässigung erlitten. Der Erzbischof hatte die Lehen des Reiches zu vergeben, doch sollten die Belehnten dann, wenn der König anwesend wäre, ihre Lehen von diesem selbst nochmals in Empfang nehmen. Er erhält das Recht, die Beamten zu ernennen und zu entlassen, Rechnungen abzunehmen, Einkünfte anzuweisen und die Bundesgenossen zu belohnen. Ihm wird die volle Regierungsgewalt gegeben, die er selbst ausübt oder durch andere ausüben lässt, deren Ernennung ihm zukommt, er kann die kirchlichen Privilegien bestätigen und vergeben, er hat das Recht, Klagen und Appellationen, selbst wenn sie Bischöfe und Fürsten beträfen, zu entscheiden Er muss die Rebellen, die Gegner des Kaisers vor seinen Richterstuhl laden und über sie urteilen; er hat die Sorge für den Landfrieden, die Münze, die Vermehrung, Verminderung oder Aufhebung der Zölle, er muss die Abgaben und Dienstleistungen von den Juden einfordern. Er soll dafür sorgen, dass die dem Reiche entzogenen Güter wieder gewonnen werden, kurz alles für Reich und König Nützliche thun. Der Kaiser widerruft im Voraus Alles, was er aus Vergesslichkeit oder irgend einem anderen Grunde gegen die Anordnungen des Erzbischofs zugestehen würde; er giebt dem Erzbischof unterschriebene Pergamente, die mit dem Majestätssiegel versehen sind. Darauf solle er schreiben, was er zur Ehre und zum Nutzen des Kaisers anordnen wolle. Widerrufen könne der Kaiser diese Vollmacht nur mit seinem Worte und offenen Briefen „die mit unserm grossen Siegel versiegelt und unserm Handvingerlin und auch unser selbes Handschrift gezeychnet werdend**).

Balduin führte die Leitung der Geschäfte mit kräftiger

---

*) H. u. 305 f.
**) H. u. 560, 54, 62, 1097.

Hand. Namentlich im Gebiet von Trier und Luxenburg finden wir ihn im Kampfe mit den Raubrittern, deren feste Burgen an der Mosel er mit Aufbietung aller Kräfte zu brechen sucht. Hier und dort gelingt es ihm, Grafen und edle Herren mit Reichslehen zu belehnen und sie dadurch an seine und des Königs Person zu fesseln. Dem Trierer Erzbistum verschafften seine treuen Dienste Vorrechte, deren sich keine andere Kirche rühmen konnte. Die grossen Vollmachten, mit denen Karl ihn versehen hatte, hat er nur im geringsten Masse den andern Fürsten fühlbar gemacht; durch Ernst und Strenge, aber auch durch friedliche und zuvorkommende Haltung hat er es verstanden, sich Freunde zu erwerben, Ruhe und Frieden im Lande zu schaffen und zu erhalten und ungeteiltes Lob für seine Verwaltung bei Mit- und Nachwelt zu gewinnen.

Als Karl 1354 seinen Römerzug unternahm, finden wir in Deutschland den Pfalzgrafen Ruprecht den Älteren mit der Leitung der Regierung vertraut.

Er gebietet als Reichsvikar in der Fehde zwischen der Stadt Speyer und Graf Bertold von Eberstein Waffenruhe und weist die Parteien vor ein Schiedsgericht.

Er schliesst als Reichsvikar eine Sühne zwischen Houewart von Kirchheim einerseits und den Städten Speyer, Worms und Mainz andererseits. Er bestätigt als Reichsvikar die Privilegien der Stadt Esslingen, gelobt der Stadt Augsburg seinen Schirm, bestätigt die Freiheiten der Stadt Mühlhausen im Elsass und Colmar; er empfängt die Huldigung der Stadt Frankfurt, belehnt den Ritter Johann von Schachtolsheim mit einem Burglehen zu Ehenheim, vertheilt als Reichsvikar dem Abte von Arnstein Güter zu Buzinsheim bei Celle als Burglehen zu Oppenheim*).

Der nächste Vertreter des deutschen Kaisers ist Wenzel, Herzog von Brabant und Lützelburg der Bruder Karls IV. Er wurde am 26. Oktober 1366 auf dem Tage zu Nürnberg

---

*) Regesten der Pfalzgrafen am Rhein hrsg. von Koch und Wille n. 2748, 2821. 23. 24. 27. 38. 64. 69.

zum Reichsvikar ernannt*). Am 15. Februar 1367 beauftragte der Kaiser Wenzel, dem Rat der Stadt Mainz die Pfandscheine über die Schlösser Oppenheim, Odenheim und Schwabsberg zu bestätigen**). Der Reichsverweser belässt die Bürger von Kaiserslautern bei ihren Privilegien, nachdem sie ihm gehuldigt haben. Er verleiht bis auf Widerruf dem Edlen von Lichtenberg einen Zoll von 9 Strassburgern Pfennigen von jedem Pferde und Geleitsrecht innerhalb angegebener Grenzen und bestätigt ihm den Zoll beim Dorfe Greffern. Er verspricht dem Erzbischof Gerlach von Mainz, ihn bei seinen vom Reiche empfangenen Privilegien und Freiheiten zu schirmen, bestätigt nach Empfang der Huldigung die Vorrechte der Frankfurter Bürger, erteilt der Stadt Wetzlar wegen der dem Reiche geleisteten Dienste die Gnade, ihr Weggeld und Mahlgeld zu erhöhen oder zu mindern, bestätigt ihr Zollgeld und bestimmt, dass jeder Wagen oder Karren, der in die Stadt Früchte laden und ausführen will, früher zur Ausbesserung der Befestigung eine Ladung Steine in die Stadt bringe. Er ernennt den Grafen von Nassau, Herrn von Merenberg zu seinem Bevollmächtigten, um bezüglich der von Karl IV. bewilligten Erhebung des neuen Zolles zu Höchst auf dem Main das Notwendige zu vollführen. Den Grafen von Nassau belehnt er mit der Grafschaft Arnsberg***).

Am 22. August 1371 geriet Wenzel in die Gefangenschaft des Herzogs von Jülich, aus welcher er erst am 21. Juni 1372 entlassen wurde. Die Leitung der Geschäfte erhielt am 30. Mai 1372 in Mainz der Erzbischof Friedrich von Cöln. Sein Bezirk umfasste die Gebiete am Rhein vom Berge Hauenstein südlich von Basel bis zu den vier Ämtern Flanderns einschliesslich das ganze Elsass und, was auf dieser Seite des Rheins diesseits der Alpen bis Frankreich unter der Herrschaft des Reiches ist, und auf der andern Seite des

---
*) Huber n. 4410 a.
**) Huber n. 4497.
***) Ueber Reichssachen n. 787, 743, 446. 48. 82. 88. 98.

Rheins zwischen diesem und Schwaben Breisgau, Mortenau und die Bergstrasse bis zur Wetterau und auf der andern Seite der Wetterau längs des Rheins und die Fürstentümer Hessen, Westfalen, Engern, Geldern und weiter bis zur Stadt Alkmar und bis zum Waterland.

Die Bestallungsurkunde erhält die für einen Reichsvikar ausgestellten Vollmachten, Verwaltungsakte des Erzbischofs sind nicht bekannt, und Wenzel blieb nach seiner Befreiung Vikar und war namentlich in Luxenburg thätig.

Der letzte Reichsvikar unter Karl IV. war sein Sohn Wenzel, dem 1377 die Stellvertretung in Sachsen, Westfalen, Thüringen, Hessen, Baiern, Franken Schwaben, Elsass und am Rhein übertragen wurde*). Wenzel konnte frei und unumschränkt walten, er war in seinen Entschlüssen und Ausführungen an keinen kaiserlichen Vorbehalt gebunden: „also, was vor dem genannten königlichen Hofgericht erklaget, erfolget oder erlanget wird, das soll gerichtet und Rechtes folge kraft haben und behalten in der Weise als ob das vor uns und unserm kaiserlichen Hofgericht gerichtet sei" und „in sachen, die das Reich angehen, tun und lassen, schaffen, gebieten, setzen, entsetzen, ordnen, wie ihm das allerbeste fügen wirdet in der Weise als wir selber". .

Die ganze Regierung des Königs Wenzels hindurch wurde von den Kurfürsten die Forderung erhoben und wiederholt, dass er einen Reichsvikar bestellen möge; schon im Januar 1380 wurde sie in Oberlahnstein aufgestellt und im nächsten Jahre erneuert, ohne dass der König sie erfüllte. Da geschah es, dass am 8. Mai 1394 König Wenzel in Beraun von den böhmischen Landesherren gefangen genommen wurde. Die Kunde davon drang rasch ins Reich und erregte das grösste Aufsehen. Man berief eine Versammlung nach Frankfurt, um über die Beendigung dieses schmachvollen Zustandes zu beratschlagen. Kurfürst Ruprecht übernahm gemäss der in der Goldenen Bulle ihm zugesagten Stellung

---
*) Reichstagsakten I, 185.

die Leitung der Geschäfte. Er schreibt an die Bürger von Frankfurt: Nachdem als ez leider zu dieser Zeit umb unsern herren den Konig und das rich gestalt ist, sollen wir ein vicarius und furseher des richs sein als auch das unsere altvordern gebruchet und of uns bracht han *). Der Wichtigkeit der Sachlage gemäss wurde der Pfalzgraf für die Zeit, in welcher sich der König in der Gefangenschaft befand, zum Reichsvikar bestellt. An Jost von Mähren erging der Befehl, den König sofort freizulassen; im Weigerungsfalle sollte die Kriegsmacht des Reiches gegen ihn aufgeboten werden. Des PfalzgrafenSohn überbrachte die Reichsbeschlüsse nach Böhmen, traf am 26. Juli in Budweis mit den Rebellen zusammen und erlangte die Auslieferung des Königs, die am 2. August stattfand**).

Am 19. März 1396 ernannte Wenzel seinen Bruder Sigmund, den König von Ungarn, zum Generalvikar des Reiches***). Da dieser aber gleich nach seiner Ernennung nach Ungarn ging, um den Krieg gegen die Türken vorzubereiten, konnte er sich noch weniger als Wenzel um das Reich kümmern.

Da beschlossen denn die Fürsten, auf dem Tage zu Frankfurt 1397 den König aufzufordern, dass er „einen Hauptmann setze und gebe, der von des heiligen Reiches wegen Friede und Gnade in dem Lande mache und bestelle". Der Hauptmann sollte eine ständiger sein, nicht etwa nur für den Fall, dass der König nicht im Reiche wäre. Die Kurfürsten schrieben dem Könige „da das Reich nicht beschirmt und nicht fest gehandhabt würde, so dass Krieg in allen Landen herrsche und Niemand wisse, von wem er das Recht erbitten solle, so möge der König zu ihnen kommen und ihnen Ende und Ausrichtung geben, da nicht länger gezögert werden

---

*) Janssen. Frankfurts Reichscorrespondenz I. 96.
**) Lindner. Gesch. des deutschen Reiches unter König Wenzel II, 199 ff.
***) Lindner a. a. O. II, 223.

könne, und Einen darüber geben, der die Macht habe, der ihnen Ausrichtung thue und sie beschirme*)".

Das Jahr 1400 brachte die Absetzung Wenzels und die Erwählung Ruprechts, nachdem noch bis zuletzt fraglich gewesen war, ob man sich nicht mit der Aufzwingung eines Reichsvikars begnügen würde. Wenzel bestätigt jedoch Sigmund am 4. Februar 1402 als Reichsvikar**); der sich zwar als solcher ein eigenes Siegel stechen liess, aber nicht dazu kam, seine Würde, deren Titel er unausgesetzt führte, auszuüben.

Inzwischen hatte König Ruprecht seine Romfahrt angetreten und seinen Sohn Ludwig als Stellvertreter mit den umfassendsten Vollmachten zurückgelassen. Die Urkunde***) entspricht beinahe wörtlich der Vicariatsurkunde, die Karl IV dem Erzbischof von Cöln ausgestellt hatte.

Wenige Tage nach dem Tode Ruprechts schickte Ludwig Briefe und Boten an die einzelnen Städte, sie sollten ihn als Reichsverweser in Schwaben und am Rhein und in den Ländern mit fränkischem Rechte anerkennen. Er berief sich dabei auf den Artikel der goldenen Bulle: wan ein riche ledig steet, wie das ein phaltzgrave bi Rine die zit biss us Zukunft eins Romischen Koniges ein Vunscher sin sulle der lande am Rin und in Swaben und den frankischen Rechten."

Am 7. Juli erhielt er auch von dem Schwäbischen Städtebunde die Anerkennung seiner Rechte.

Während des Konstanzer Koncils vertrat Pfalzgraf Ludwig den König im Schutz des Koncils, doch war er nicht Reichsvicar.

Sigismund setzt am 2. Oktober 1418 den Burggrafen Friedrich von Nürnberg zum Stellvertreter ein: und geben im davon unser gantze und volle Gewalt und Machte zu schaffen, zu tun und zu lassen gemeingleich und besunder als wir selber in allen unsern und des Riches Geschäften in

---

*) Lindner a. u. O. II, 361.
**) Petzel. Lebensgeschichte des Wenceslaus II, 457.
***) Reichstagsakten V, n. 2.

allen tutschen Landen, also das er darin unser und des Riches beste, nutze und ere fürwenden und schaffen solle nach seiner besten Verstandnis als er uns denn schuldig und verbunden ist. Und was er... schaffen wird, das wollen wir stete und unverbrüklich halten. Und verheissen bei unsern kuniglichen Worten, widder solche unsere statthaltung. — keinerley Privilegien tzu geben oder gebotte dawider tzu tun oder tzu senden, damit der vorgenant Friedrich in solicher diser unser Ordnung geirret mochte werden*)".

Grössere Bedeutung hat das Vikariat des Erzbischof Konrads von Mainz. Dieser wurds 1422 auf dem Reichstage zu Nürnberg von Sigismund zum Statthalter in den deutschen Landen auf 10 Jahre ernannt**). Mit Zustimmung der Fürsten ernannt, soll er über alles Richter sein oder Richter seines Amtes bestellen; dieser müsse ein Graf oder Herr sein, sieben Ritter sollen das Gericht hegen. Er soll Acht sprechen, Lehen und Regalien verleihen mit Ausnahme der Fahnlehen die Eide von den Reichslehnsmannen entgegennehmen, die Beamten ein und absetzen, Geleit und Friede geben, bei geistlichen Vacanzen Vorschläge machen können und das Zoll und Münzrecht beaufsichtigen***). Seine Ausgaben solle er aus dem zu diesem Zwecke erhöhten Zolle bestreiten†)

Nach der Belehnung leistete Konrad dem Kaiser den Eid: daz wir auch dasselbe Stathalteramt rechtlich und und ersamclich und nach innehalt der kuniglichen Majestätsbrieve nach unserm besten Sinnen und Vermogden flissiclich verwesen und ussrichten wollen, alle Gewerke und argeliste genzlich ussgeschieden." ††).

Nun berief Konrad einen Tag nach Worms, um sein Amt in Wirksamkeit treten zu lassen. Weil nun aber der Herzog Ludwig von der Pfalz Einspruch gegen die Würde

---

*) Reichstagsakten VIII, n. 251.
**)   „   VIII, n. 164.
***)   „   VIII, n. 166.
†)   „   VIII, n. 169.
††)   „   VIII, n. 167.

Konrads erhoben hatte, waren die Anwensenden schwankend, ob sie Konrads Amt als berechtigt anerkennen sollten oder nicht.

Der Pfalzgraf war im Auftrage Sigmunds nach Preussen gegangen, um dort in dem Zwiste zwischen Orden und Polen zu vermitteln*). Hier erfuhr er wohl die Nachricht, dass Konrad zum Verweser ernannt sei, und begab sich nach Pressburg zum Kaiser. Was hier über die Stathalterschaft Konrads verhandelt worden ist, wissen wir nicht. Wir erfahren nur, dass Ludwig, auf die von Sigmund früher bestätigten Privilegien gestützt, die Städte bittet, Konrad nicht eher anzuerkennen, als bis er von seiner Reise zurückgekehrt sei**) Diesen Einwurf des Pfalzgrafen gegen das Amt Konrads werden die Fürsten und Städte wohl bekommen haben, ehe sie der Ruf Konrads nach Worms eilen liess. Und die Erwägung, welchem von beiden das Vorrecht gebühre, wird es wohl gewesen sein, welche die Anwesenden bestimmte, ihre Antwort nicht sofort auszusprechen, sondern sich Bedenkzeit auszubitten. Die Verhandlungen haben lange gedauert und Aufschub um Aufschub mit der Antwort von den Städten erbeten. Endlich erklärte Frankfurt, es wolle in Konrad den rechten Verweser anerkennen***). Nürnberg dagegen und mit ihm Rotenburg, Windsheim und Weissenburg schrieben, sie könnten die Erklärung hinsichtlich des zwischen Kur-Mainz und Kur-Pfalz streitigen Reichsvikariats nicht abgeben, da sie in dieser Sache nichts verständen.†).

So wurde denn endlich ein Schiedsgericht eingesetzt. Otto von Trier und Dietrich von Cöln wurden ausersehen, die Streitfrage zu lösen. Sie gaben am 10. Mai 1423 auf dem Tage in Boppard ihr Urteil dahin ab, dass, nachdem

---

*) Windecke. (Das Leben Königs Sigmunds, übersetzt von Dr. von Hagen). Geschichtsschreiber der deutschen Vorzeit XV. Jahrh. Bd. I. cap. 176.
**) Reichstagsakten VIII. 193.
***) „ VIII. 213.
†) „ VIII. 217.

sie die Briefe und Urkunden gegen einander geprüft hätten,: der vurgenannten Fürweser- und Stadhalterampte abtredten und sich des itzout odir hernach nit underwinden noch gebruchen soll.*)

Mit diesem Beschlusse der Erzbischöfe zeigte sich Konrad vollkommen einverstanden. Schon vom nächsten Tage haben wir ein Schriftstück, in welchem er sagt**): so haben wir uns von solicher des obengenannten unseres Oheims Herzug Ludewigs Unterwisunge des Fürweser und Stathalteramptes entsagen. Und wir versprechen ... dass wir uns des vurtes nit mehr annehmen odir gebruchen sollen in dheine Weise anc alle gewerde."

So war der Widerstreit zwischen Konrad und Ludwig gelöst: Konrad hatte freiwillig verzichtet, ohne erst von Sigmund sich Rat zu holen.

Aber dass zugleich in dem Verzicht Konrads die Anerkennung Ludwig läge, davon findet sich keine Spur. Das Vikariat eines Einzelnen hat aufgehört. Sigmund ernannte am 11. Oktober 1431 Wilhelm von Baiern zum Schutzherrn des Baseler Konzils und, was für den Fall von Interesse ist, zum Schirmer des Landfriedens, aber nicht zum Reichsvikar***).

Die Befugnisse eines Reichsvikars, wie sie aus den Urkunden unter den letzten Kaisern, die ihrem Inhalte nach im wesentlichen gänzlich übereinstimmen, sich ergeben, sind wohl folgende:

Der Vikar hat das Recht des mixtum imperium, das heisst das Recht, Geldstrafen zu verhängen und die niedere Gerichtsbarkeit auszuüben und das merum imperium, das heisst den Blutbann. Gleichbedeutend damit sind die Ausdrücke potestas gladii und libera et absoluta jurisdiccio, ein Gericht, von dessen Entscheidung man an keine andere höhere Instanz appellieren kann.

Mit anderen Worten: der Vikar hat die volle Gerichtsbarkeit in Händen.

---

*) Reichstagsakten VIII, 238.
**) „ VIII, 239.

Der Einwurf, den man gemacht hat, nach altem Rechte darf der Blutbann nicht vom Kaiser vergeben werden, also könne ein Vikar die Blutsgerichtsbarkeit nicht ausüben, lässt sich dadurch widerlegen, dass der Vikar ja nicht dritte Hand ist, sondern dass des Kaisers Rechte in vollem Masse in seiner Stellung sein Eigentum sind. Er übt diese Rechte nicht aus als Herzog von Luxemburg oder Pfalzgraf bei Rhein oder Erzbischof von Mainz, sondern als vertretender gleichsam als zweiter Kaiser.

Auf den Vikar geht ein dem kaiserlichen ähnliches Hofgericht über, nach dessen Gesetzen er zu urteilen hat. Er hat das Recht, Klagen und Berufungen zu entscheiden, strafend gegen Verbrecher vorzugehen, die Rebellen des Kaisers vorzuladen, ihre Güter einzuziehen und Andere damit zu belehnen. Alles dies kann er thun selbst oder durch Männer, die er dazu ernannt hat. Er kann alle Beamten, Landvögte und Amtleute ernennen und absetzen, er hat von ihnen Rechnung zu fordern und sie für Verschulden zu strafen.

An ihn werden die Einkünfte abgeliefert, über deren Verwendung er zu bestimmen hat. Er hat das Recht, Münzen in Gold oder Silber schlagen zu lassen, wann er will, und das Schlagen derselben zu verbieten. Er muss die Zölle beaufsichtigen, sie ermässigen oder erhöhen, sie abschaffen oder neu einrichten. Durch Landfriedensbündnisse soll er Ruhe und Frieden dem Reiche verschaffen. Unerlaubte Verbindungen muss er auflösen, die Fürsten soll er berufen und von ihnen Gehorsam verlangen, im Weigerungsfalle ihnen absagen und sie als Rebellen bestrafen. Verlorenes Reichsgut soll er wiedergewinnen, Reichslehen vergeben exceptis feodis, insignibus archiepiscoporum, ducum et marchionum et quae cum vexillis recipi consueverunt. Den Belehnten muss er den Treueid abnehmen. Er hat die Juden zu schützen und deren Abgaben in Empfang zu nehmen. Er hat die Privilegien den Fürsten und Städten zu bestätigen oder auch neue zu verleihen. Er hat die kirchlichen Benefizien zn vergeben, hat das Recht, die ihm geeignet erscheinenden Männer bei freigewordenen Stellen zur Wahl vorzuschlagen salva tamen semper sancta ecclesiastica libertate. Er muss Ferien und Feiertage ankündigen, veraltete Beschlüsse und Satzungen verbessern, aufheben oder durch neue ersetzen; ihm gebührt die Sorge für die Irrsinnigen, die Waisen und Wittwen, für die er Pfleger und Beschützer zu beschaffen hat. Durch seinen Spruch kann er den Makel unehelicher Geburt tilgen und Leute, die Hab und Gut oder Amt und Stellung verloren haben, in ihre alten Ehren und Rechte wieder einsetzen.

Ich möchte hier einen kurzen Blick auf die Beziehungen wenden, die damals zwischen Deutschland und dem Delfinat und Burgund bestanden*). 1339 hatte sich nach einer Zusammenkunft in Paris ein freundlicherer Verkehr zwischen Philipp von Frankreich und dem Delfin Humbert II. angebahnt. Diesen konnte man in dem Vertrage von 1343 erkennen, worin der Delfin, der durch den Tod seines Sohnes um die Zukunft seines Landes Sorge trug, gegen eine sehr bedeutende Geldentschädigung sein Land dem zweiten Sohne Philipps oder einem Sohne Johanns vermachte. Das Delfinat sollte aber mit der Krone Frankreich unmittelbar niemals vereinigt werden. Diese Klausel wurde 1344 aufgegeben, und der Thronerbe Johann als Nachfolger im Delfinat ausersehen. Am 30. März 1349 dankte Humbert zu gunsten Karls, des ältesten Sohnes des Herzogs Johanns ab.

Die Bedeutung dieses Vorgangs konnte dem Kaiser nicht entgangen sein. Gleichwohl machte er Frankreich den Besitz nicht streitig. Zwar ernannte er 1349 kurz vor Abschluss des Vertrages den Grafen von Valence zum Reichsvikar für das Königreich Arelat**), doch von einem thätigen Eingreifen desselben erfahren wir nichts. Dem Kaiser kam

---

*) Vgl. Otto Winkelmann: Die Beziehungen Kaiser Karls IV. zum Königreich Arelat. Strassburg 1882.
**) Die Regesten des Königreichs unter Karl IV. 1346—1378 n. 888.

es nur darauf an, von dem Delfin die Anerkennung der Lehnshoheit des Reiches zu erhalten. Weiteren Ansprüchen Frankreichs gedachte er durch die Begünstigung des Grafen von Savoyen, des alten Gegners der Franzosen, zu begegnen. Am 21. Juni 1356 erhielt der Graf das Recht, die oberste Gerichtsbarkeit als Vikar des Reiches auszuüben so, dass die Berufungen von den Urteilen nicht mehr an den Kaiser, sondern an den Grafen gebracht werden sollten.*) Die Oberlehnsherrlichkeit des Reiches anerkannte der Delfin auf dem Reichstage zu Metz**). Dafür ernannte ihn der Kaiser zum Vikar im ganzen Delfinat tam in causis appellationum quam aliis quibuscunque juribus et jurisdictionibus ad ipsum imperatorem spectantibus ***)

1364 bestieg der Delfin als Karl V. den französischen Thron und vereinigte das Delfinat mit der Krone Frankreich. Dem gegenüber vergrösserte Karl bei seiner Anwesenheit in Burgund 1365 die Machtbefugnisse der Grafen von Savoyen. Er ernannte ihn und seine Nachfolger zu Reichsvikaren nicht nur in der Grafschaft Savoyen, sondern auch in den Bistümern Sitten, Lausanne und Genf, in den Sprengeln von Lyon, Mâcon und Grenoble, die zum Reiche gehörten. Er erhielt die Competenz in allen Strafsachen und das Recht, von Allen, die Reichslehen besitzen, den Treueid zu fordern †) Da aber namentlich die Bischöfe keine Neigung zeigten, sich dem Grafen unterzuordnen, und Karl fürchten musste, dem Einfluss Frankreichs Raum zu schaffen, hob er das Vikariat am 13. September 1366 wieder auf. ††)

Wie wenig aber Karl IV. geneigt war, der Forderung des Delfin nachzugeben, ihm die Königskrone zu verleihen, zeigt am besten der Umstand, dass Karl am 4. Juni sich selbst in Arles zum rex Arelatensis krönen liess†††). Es

---

*) Huber A. a. O. n. 2481.
**) „ „ 255 a.
***) „ „ 6374.
†) „ „ 4170.
††) „ „ 4363.

war seit Friedrich I. das erste und letzte Mal, dass der deutsche Kaiser durch diese besondere Krönung die Zugehörigkeit Arelats zum Reiche bezeugte.

Die Schwenkung in der Politik trat 1378 ein, als Karl IV. in Paris weilte. Hier übertrug er zuerst dem neunjährigen Karl von Vienne die Fähigkeit, alle Zivilakte gültig zu vollziehen*). Bald darauf machte er den jungen Dauphin zum Generalvikar im Delfinat**) und zum Statthalter im Reiche Arelat***).

Die Urkunde stimmt wesentlich mit der überein, welche 1372 Amadeus von Savoyen erhält, als er zum Generalvikar in Italien ernannt wurde †). Der Delfin erhält die volle Gerichtsbarkeit, das Münzrecht, die Erhebung von Abgaben und Zöllen mit Ausnahme des Rechtes, neue Zölle einzurichten, die Bestrafung der Rebellen, das Recht, Kriege zu führen, die erledigten Lehen mit Ausnahme der Fahnlehen zu verleihen, Ämter und Pfründen zu besetzen und die Juden zu schützen.

Otto IV. von Burgund wurde infolge der durch Rudolf von Habsburg erlittenen Niederlage ganz auf die Seite des französischen Königs getrieben, dem er im Vertrag von Vincennes am 2. März 1295 seine Herrschaft überliess auf die Bedingung hin, es solle seine einzige Tochter mit einem Prinzen des königlichen Hauses vermählt werden ††). Philipp von Frankreich ging auf diesen Vorschlag sofort ein, übernahm den Besitz und verwaltete ihn bis zur Vermählung seines Sohnes Philipp mit Johanna 1304. Der Adel empörte sich zwar gegen diesen Verkauf an Frankreich; aber von Adolf von Nassau nicht unterstützt, blieb ihm schliesslich nichts übrig, als die neue Regierung anzuerkennen. Erst 1350 griff Karl IV. ein und machte die Reichsoberhoheit

---

*) Huber n. 5858.
**) „ 5861.
***) „ 5862.
†) „ 5155.
††) Lindner a. a. O. I. 112.

wieder geltend: Da ihm kein Lehnseid geleistet sei, betrachte er die Grafschaft als erledigtes Reichslehen und ernenne Heinrich von Mönpelgard zum Reichsverweser*). Doch die Huldigung des jungen Philipp fand erst 1356 statt**), als Frankreich nach der Schlacht bei Poitiers einer Annäherung an das deutsche Reich dringend bedurfte. Am Weihnachtstage erfolgte zu Salins die Huldigung durch einen Bevollmächtigten an den Vikar, welcher darauf im Namen Carls Philipp belehnte. Philipp starb 1360, und nun begannen die Wirren von neuem. In dem Herzogtum fiel die Erbschaft ohne Widerstreben an König Johann, in der Grafschaft trat als Mitbewerberin Margarete von Flandern auf, die Schwester der Johanna, der Gemahlin des französischen Königs. Johann erinnerte sich jetzt, wo er seiner bedurfte, der Lehnshoheit des Reiches und bat Karl, die Entscheidung in die Hand zu nehmen. Er erkläre Margaretes Ansprüche für ungültig und fordere die Grafschaft für seinen jüngsten Sohn Philipp, dem er schon das Herzogtum verliehen habe. Mit Rat des Kurfürstencollegs ging Karl auf diese Wünsche ein und belehnte Philipp am 15. Januar 1362. In dieser Urkunde betonte er aber entschieden die Zugehörigkeit Burgunds zum Reiche***).

Ungewiss ist, aus welchen Beweggründen Karl kaum ein halbes Jahr später die Wiederholung des Reichsvikariats Heinrichs von Mömpelgard ausspricht, der ein entschiedener Anhänger Margaretes war †).

Die Entscheidung in der burgundischen Frage aber fällte der französische König Karl V. Dieser erklärte Margarete von Flandern für die Erbin wahrscheinlich auf die Bedingung hin, ihr einziges Kind, Margarete, mit Philipp zu vermählen. Diese Verbindung kam 1369 zu stande, so dass

---

*) Huber n. 6844.
**) Huber Reichsachen 234.
***) Huber n. 3811.
†) Huber n. 1875.

Philipp dem Kühnen mit Burgund zugleich die Herrschaft in Flandern anheimfiel.

In Erwägung dieser Thatsachen musste nun Karl in die Anerkennung Margaretes willigen. 1378 empfing er in Paris die persönliche Huldigung und erteilte ihr am 10. Jan. die Reichslehen.

Die Vereinigung der Grafschaft mit dem Herzogtum 1384 und der Regierungsantritt Philipps geschahen, ohne dass man eine Einmischung des Reiches erkennen kann.

In ganz anderer Weise wurde die Stellvertretung in Italien gehandhabt. Während in Deutschland das Amt ein vorübergehendes war, das nur in Abwesenheit des Königs ausgeübt wurde, war es in Italien ständig bis auf Widerruf. In Deutschland waren es ein, höchstens zwei Vikare, die an des Kaisersstatt die Herrschaft inne hatten, Italien zerfiel in eine Menge kleinerer Vikariate, deren Herren oft miteinander in Felde lagen, sich untereinander gegen einen dritten verbanden, deren Herrschaft auch bei des Kaisers Anwesenheit in Italien bestehen blieb, die aber nicht unumschränkt waren, sondern dem vom Kaiser eingesetzten Generalvikar Gehorsam leisten mussten. Ihre Macht entwickelte sich aber allmählich so sehr, dass es den Kaisern nicht mehr möglich war, jeden beliebigen über dieses oder jenes Gebiet zu setzen, sondern sie ihre Einwilligung dazu geben mussten, dass die Vikariate in den Händen einzelner Familien erblich wurden.

Schon unter Friedrich I. gab es einen höchsten Reichsbeamten für Italien, der ursprünglich richterliche Befugnisse hatte, dessen Thätigkeit an den Hof des Königs gebunden war. Das Amt wird sich daraus entwickelt haben, dass der Kaiser aus seinen Grossen einen rechtskundigen auswählte, ihn häufig zu seinem Vertreter machte, ihn in Rechtssachen zu Rate zog und ihn wohl beauftragte, überhaupt in seiner Abwesenheit Recht zu sprechen *).

---

*) J. Ficker. Forschungen zur Reichs- und Rechtsgeschichte Italiens

Unter Otto IV. finden wir den ersten Hofrichter, der nicht an den Hof des Kaisers gefesselt bleibt. Heinrich von Mantua behält in der Lombardei die Leitung des Hofgerichtes, während Otto nach Mittelitalien geht. Unter Friedrich II. fehlt schon jede Beziehung des Generallegaten zu dem Hofe; es wird wohl hierbei die letzte Stellung Heinrichs massgebend gewesen sein. 1220 finden wir an stelle der früheren Hofvikare Hofrichter, die dem Gerichte der Legaten zugewiesen sind.

Neben dem Kaiser finden wir auch jetzt den Papst*) die Würde des Vikariats vergeben. 1256 nach dem Tode König Wilhelms verleiht er dem Bischof von Verdun, cum imperium vacat ad praesens, vice regia auctoritate die Regalien seiner Kirche mit der Bedingung, dafür dem zukünftigen Könige alles Herkömmliche zu leisten. 1267 bestellt er Karl von Sizilien zum conservatorem pacis in Tuskien, aus Furcht, Tuskien durch viele Fehden zerrüttet, könne auch den Kirchenstaat in die Verwirrung hineinziehen. 1268 ernennt er ihn zum vicarium generalem ipsius imperii, um ihm die volle Gerichtsbarkeit geben zu können.

1278 legte Karl das Vikariat nieder, ohne dass König Rudolf im stande war, seine Herrschaftsrechte in Tuskien geltend zu machen. Erst als Papst Nicolaus 1281 starb, gingen der Bischof von Gurk und der Reichskanzler Rudolf als Vikare nach Turkien**), der ihnen folgende Generalvikar Parzival Lavagna, Subdiakon und Kaplan des Papstes war gewiss auf Wunsch des Papstes ernannt worden.

Ohne Einsprache schickte Adolf 1295 Johann von Chalons als Vikar nach Tuskien. 1300 aber tritt Papst Bonifazius mit der Forderung auf, Tuskien gehöre dem Papste, und setzt Karl von Valois als conservator pacis hier

---

*) Ficker a. a. O. II. § 387.
**) Böhmer. Die Urkunden der Röm. Könige und Kaiser von Conrad I. — Heinrich VII. (911—1313). Reg. Rudolphs n. 4400.

ein. Dagegen erhob sich König Albrecht, doch konnte er nicht voll durchdringen. Zwar nahm Bonifaz seine Ansprüche zurück, Albrecht aber musste das Zugeständnis machen, binnen fünf Jahren keinen Vikar in der Lombardei und Tuskien ohne Willen des Papstes einzusetzen, später aber einen solchen, welcher der römischen Kirche ergeben und unverdächtig erscheine.

In Ober-Italien ragte unter den selbstständigen Bezirken weit über alle andern die Stadt Mailand. Hier herrschte das Geschlecht der Viskonti, welches seine Macht stützte einerseits auf die Rechte, welche die Stadt ihnen übertragen hatte, andererseits auf das Reichsvikariat. Hatten auch die kaiserlichen Hoheitsrechte, deren Einfluss auf den roncalischen Feldern noch so gross gewesen war, im Constanzer Frieden eine grose Einschränkung erhalten, so war darum das Bewusstsein der kaiserlichen Majestät in Italien nicht geschwunden. Die Städte liessen sich von jedem neuen Könige ihre Privilegien bestätigen. Mailand verpflichtete die Capitanei, ihr Amt auch zu Ehren des römischen Königs verwalten zu wollen, diese selbst suchten den Besitz des Reichsvicariates zu erstreben.

Matteo Visconti war der erste, der von Adolf 1294 diese Würde erhielt: Rex iste Adolfus nobilem virum ... per litteras regales patentes regali sigillo munitas vicarium suum et imperii in Lombardia provincia statuit, committens eidem Matteo merum et mixtum imperium et jurisdiccionem omnem et potestatem ejusdem nomine inibi exercendas*).

Matteo wurde 1302 gestürzt und musste in die Verbannung gehen. Er gelangte erst 1311 wieder zur Herrschaft, als Heinrich VII. nach der Unterdrückung des Aufstandes in Mailand und nach dem Tode Guidos de la Torre ihn notgedrungen in die alte Würde wieder einsetzen musste**). Für die Gewährung dieses Amtes musste er dem Kaiser

---

*) Böhmer a. a. O. reg. Adolfs n. 4804 vgl. Muratori script. IX, 734.
**) Lindner a. a. O. 234.

40000, der Kaiserin Margarete 10 000 Goldgulden zahlen. Für die Einkünfte aus seinem Amte solle er der königlichen Kammer jährlich 25 000 Gulden abgeben. Handle aber Matteo irgend wie zum Schaden des Reiches, so habe Heinrich das Recht, ihn ohne jede Entschädigung abzusetzen*).

Matteo blieb bis 1325 im Besitz der Herrschaft, um sie dann in die Hände seines Sohnes niederzulegen. Im Banne des Papstes stritten dann die Viskonti an der Spitze der Ghibellinen gegen die Ansprüche der Kurie und kamen in harte Not. Da ernannte Ludwig nach der Schlacht bei Mühlberg Bertold von Meissen zum Generalvikar, dessen Umsicht und Festigkeit es gelang, Mailand, das nahe daran war, sich zu ergeben, von der Belagerung zu befreien und des Kaisers Ansehen in Ober-Italien wiederherzustellen.

Als Ludwig selbst nach Italien kam, liess er Galeazzo Viskonti gefangen nehmen, weil sein Misstrauen gegen ihn rege geworden war, und gab Mailand eine freiere Verfassung. Auf der Rückkehr von Rom gab er das Vikariat an Galeazzos Sohn Azzo**). Dieser wandte sich jedoch bald vom Kaiser ab, bewog einen Teil des kaiserlichen Heeres, bei ihm Dienste zu nehmen, und trat in Verbindung mit dem Papste Johann. Ludwig hatte nicht mehr die Macht, des Vikars Abfall zu strafen.

Mailands Verhältnisse unter Karl IV. können wir übergehen, da dieselben ausführlich in dem Aufsatze von Sickel behandelt sind: Das Reichsvikariat der Viskonti. Wiener Sitz.-Ber. XXX.

Die grosse Macht, die der junge, schlaue Galeazzo Viskonti entfaltete, bestimmte den König Wenzel, die Ernennung Jobstes von Mähren, den er schon am 3. Juli 1383 zum Generalvikar von ganz Italien gemacht hatte, am 16. September 1389 in Beraun zu wiederholen***). Wenn nun auch Galeazzo in Italien Herr seiner Feinde blieb, so

---
*) Böhmer. Reg. Heinrich VII. n. 410.
**) Lindner a. a. O. 382.
***) Häberlin. Neueste teutsche Reichsgeschichte I. Vorrede XIII.

sah er doch ein, dass seine Stellung allen legalen Boden verlieren musste, wenn der König ihn der Untreue gegen Kaiser und Reich beschuldigte, wofür sich ja leicht ein Vorwand hätte finden lassen. Um sich nun davor zu sichern, schickte er eine Gesandtschaft nach Prag, um die Erhebung in den Reichsfürstenstand zu erwirken. Die grossen Geldsummen, die er dafür zahlte, bewogen Wenzel, ihm diese Bitte zu gewähren. Am 5. September 1395 erfolgte in Mailand der feierliche Akt der Belehnung mit dem weltlichen Herzogtum durch den königlichen Gesandten Beness von Chaustnik*).

Wenn es nun Karl nicht gelungen war, die alte Machtfülle des Reiches in Italien wiederherzustellen, so erreichte er doch wenigstens die Huldigung aller Städte und das Versprechen, einen jährlichen Zins zu zahlen. Allerdings hatte er ihnen dafür Freiheiten gewährt, die ihre Selbstständigkeit immer mehr entwickeln mussten. Dadurch, dass er die Regierungen der einzelnen Städte mit fast allen kaiserlichen Rechten belehnte, indem er sie zu Vikaren machte und ihnen die volle Gerichtsbarkeit übertrug, war ihre Freiheit und Unabhängigkeit sicher gestellt.

In Padua herrscht Jacob von Carrara**), in Pavia und der zu Pavia gehörenden Landschaft Lomello der Markgraf von Montferrat als Reichvikar***); dieselben Rechte üben die Markgrafen und später Otto von Braunschweig in Asti, Albi und Montevico aus†).

In Modena sind die Markgrafen Aldobrand von Este††) und nach dessen Tode seine Söhne und Neffen Nikolaus, Hugo, Albert und Obizo in Stadt und Bezirk Reichsvikare†††).

Genua leitet als Vicar der Pfalzgraf Petrus de Luna

---

*) Lindner. Gesch. des deutschen Reiches unter Wenzel II. 335.
**) Huber a. a. O. n. 697.
***) „ „ 2143.
†) „ „ 5489.
††) „ „ 1946.
†††) „ „ 3797.

allerdings mit der Klausel, dass dieses Amt vom Kaiser widerrufen werden könne *).

Über Mantua und Reggio herrschen als Vikare Loginus von Gonzaga und dessen Söhne Guido Filippinus**), später Ygolin und Feltrinns, deren Söhne***). Sie erhielten das Gebiet und das Vikariat vom Kaiser zum Lehen und mussten ihm dafür den Treueid leisten; für den Augenblick zahlten sie 6000 Goldgulden und sollten ihm fortan de tempore in tempus nach Vermögen dienen, sie sollten dem Kaiser und den Seinen, wenn dieser in ihr Gebiet käme, Lebensmittel und die notwendigsten sonstigen Bedürfnisse gegen Bezahlung schicken†); sie erhielten das Recht, Münzen cum vero pondere et caractere zu prägen††).

Die Gonaloniere und die priori von Florenz ernennt er zu seinen Vikaren in den Gebieten und Orten, welche Florenz gegenwärtig besitzt, und setzt den dafür zu zahlenden Zins auf 4000 Gulden fest†††). Die Vikare sollen nur dem Volke nach Massgabe der Statuten und Gesetze verantwortlich sein, alle Beamte sollen nur durch das Volk erwählt werden. Der Stadt werden alle vergangenen Steuern und Abgaben erlassen gegen eine bestimmte Summe, die früheren Strafedikte aufgehoben §).

In Pistoia empfängt Karl die Huldigung der Stadt und den Treueid. Dafür setzt er die anziani und den vexillifer justicie des Volkes von Pistoia für die Zeit seines Lebens zu seinen Vikaren ein und giebt ihnen das Recht, Statuten und Verordnungen zu machen und die Beamten zu ernennen §§).

Am 16. Juli 1357 ernennt er die Governatoren zu Siena zu Vikaren mit dem Rechte des merum et mixtum imperium,

---

*) Huber n. 3203.
**) „ 382.
***) „ 2903.
†) „ 4229.
††) „ 4272.
†††) „ 2009.
§) „ 6804.
§§) „ 2138.

bestätigt den Sanesen ihre Freiheiten und die volkstümliche Verfassung, erlaubt ihnen, nach ihren Gesetzen sich selbst zu regieren*).

Von Siena aus ernennt er die jedesmaligen priores populi von Arezzo zu seinen und des Reiches Generalvikaren; sie können nach ihren Gesetzen in voller Freiheit leben, neue Gesetze nach dem Willen der Gemeinde erlassen, die Beamten selbst wählen, auch die podestas, capitanei und Rectores zur Entscheidung von Civil- und Criminalfällen und zur Ausübung der höchsten Gerichtsbarkeit im Namen des Reiches beliebig ernennen dürfen; er legt ihnen nur die Verpflichtung auf, ihm und dem Reiche durch ihre Sindici einen Eid zu leisten, dass alle partialitatis causa ausserhalb der Mauern weilenden Bürger frei zurückkehren könnten und in ihre alten Ämter und Güter wieder eingesetzt werden sollten**).

1354 ernennt er die jetzigen und künftigen Anzianen von Pisa zu Reichsvikaren mit voller Gerichtsbarkeit, bestätigt ihnen die Privilegien der früheren Kaiser, lässt ihnen das bestehende Regiment der Gambacorti, die gegenwärtigen Beamten und verleiht ihnen Lukka gegen das Versprechen einer Zahlung von 60 000 Gulden***).

Diese Verleihung entzieht ihnen Carl 1369 nach dem Aufstand in Pisa und macht Lucca reichsunmittelbar gegen die Zahlung von 40 000 Gulden. In ihrem Gebiete ernennt er den Bischof von Porto, Guido von Boulogne zum Generalvikar auf 3 Jahre mit allen Rechten, die der Kaiser selbst hat und bestimmt, wenn Guido in dieser Zeit sterben sollte, den Bischof von Sabina oder den Kardinaldiakon Peter von Beaufort zum Nachfolger†). Da aber Guido das Vikariat bald darauf niederlegte, erwirkte Karl vom Papste die Rückgabe der Briefe, worin er versprochen hatte, einen der drei vorhin genannten Kardinäle zum Vikar zu machen, und übergab das

---

*) Huber n. 2686.
**) „ 6142.
***) „ 1060.
†) „ 4758.

Amt den Brüdern Hugo und Albert von Este, nachdem diese eine einmalige Summe von 50 000 Gulden gezahlt und eine jährliche Abgabe zu zahlen versprochen hatten *).

Ausser diesen Generalvikaren finden wir 1356 den Bischof Marquard von Augsburg **). Diesen ernennt Karl, weil er nicht in allen Teilen seines Reiches persönlich anwesend sein kann, um bei dem unsichern Zustande Italiens für dessen Verwaltung und Frieden zu sorgen, mit Rat und Zustimmung seiner Grossen zum Statthalter und Generalvikar bis auf Widerruf in ganz Italien mit voller Gerichtsbarkeit in Civil- und Criminalsachen, mit dem Rechte, Verordnungen zu erlassen, Beamte zu ernennen und abzusetzen, Abgaben und Zölle zu erheben, zu vermindern oder abzuschaffen, gegen Reichsrebellen vorzugehen, das Reichsbanner aufzupflanzen und unter demselben zu kämpfen; er giebt ihm die Befugnis, Belehnungen vorzunehmen, Privilegien und Ehren zu verteilen.

Der letzte Generalvikar unter Karl ist 1372 Amadeus von Savoyen, dessen Einfluss in Italien jedoch so gering war, dass es ihm nicht möglich war, Bernabo Viskonti, gegen den er ernannt war, in Schranken zu halten.

Im engsten Zusammenhange mit der Geschichte des deutschen Reichsvikariats steht die Frage nach den darauf bezüglichen Rechten des Pfalzgrafen bei Rhein. Der Zusammenhang ist so eng, dass sich unmöglich bei der Bearbeitung der einen Frage die Bezugnahme auf die andere ausschliessen lässt.

Im folgenden soll nun nachgewiesen werden, welche Rechte der Pfalzgraf in Anspruch genommen hat, und wie weit dieser Anspruch staatsrechtlich begründet ist.

Der Schwabenspiegel kennt drei Fürsten, die das Recht haben, an des Kaisers Stelle den Bann zu leihen: Pfalz, Sachsen, Baiern.

---

*) Huber n. 4816.
**) Huber n. 6178 u. 6884.

Baiern hatte gerade in der Entstehungszeit des Schwabenspiegels von Rudolf von Habsburg die Anerkennung seiner Rechte als Kurfürstentum und Inhaber der Schenkenwürde erhalten. Es wird dies wohl auch der Grund gewesen sein, warum ihm der Spiegel die Befugnis erteilt, an stelle des Kaisers das Gericht auszuüben. Als jedoch Rudolf 1289 in Eger, um seinen Schwiegersohn Wenzel von Böhmen zu begünstigen, beurkundete, dass dem böhmischen Könige das Reichsschenkenamt und die Stimme bei der Königswahl gebühre, verlor Baiern seine Stimme und damit auch den Anspruch auf das Bannrecht. Wie früher, als Böhmens Stimme an Baiern übertragen wurde, um Rudolfs Wahl zu bewerkstelligen, so war es auch jetzt nicht eine wirkliche Rechtsanschauung, die Rudolf zu diesem Schritte trieb, sondern eine durch den Augenblick bedingte Klugheit. Rudolf wollte Böhmens Stimme für die Wahl seines Sohnes erhalten und machte dafür gern dem Böhmenkönige die grössten Zugeständnisse.

In Sachsen bestand schon unter Heinrich II. in Magdeburg ein pfalzgräfliches Gericht, das später in die Hände des Erzbischofs überging und von diesem 1269 mit der Burggrafschaft von Magdeburg an den Herzog von Sachsen kam; der letztere führte seitdem das pfalzgräfliche Wappen und wurde 1356 auf dem Reichstage zu Metz von Carl IV. ausdrücklich als Inhaber der Pfalzgrafenwürde anerkannt; der Kaiser erklärte hier: Da er von Fürsten und Grafen des Reiches unterrichtet worden, dass der Grossvater des Herzogs Rudolf von Sachsen, Albert, mit Zustimmung der anderen Kurfürsten die Könige Rudolf, Adolf und Albrecht, dann dessen Sohn Herzog Rudolf Karls Grossvater Heinrich und ihn selbst zum Könige gewählt habe, dass Rudolf als Herr von Sachsen und Reichserzmarschall wahrer und gesetzlicher Kurfürst sei, besonders deswegen, weil er demselben nach dem Tode seines Vaters das Herzogtum und die Pfalzgrafschaft Sachsen und das Reichsmarschallamt als Lehen übertragen habe*).

Dass die sächsischen Pfalzgrafen das Recht des Bannleihens gehabt haben, bestätigt auch der Schwabenspiegel: und so der Kunig von tyschem lande vert, so mag er dez riches marchalk wol den Gewalt geben daz er den bann lihe, daz ist dem herzoge von Sachsen, daz sol er tun in turingen und in Sassen und in Hessen und an Beheim und uber alle Franken, swer der ist, der sin untertan ist*).

Der phallentz grave von rine, fährt der Schwabenspiegel fort, der hat gewalt den ban zelihenne ienseit des rines untz fyr Metze eine meile und umtz an die ufe und in Flandern und ob im der Kunig den ban lihet oder nut, so hat er den gewalt, daz er in doch lihet.

Dieses Bannrecht ist die erste Spur einer Vertretung des Kaisers. Sachsen hat sich damit begnügt; die Pfalz, die ja von jeher die erste Stelle unter den Pfalzgrafschaften einnahm, hat dieses Recht zum Grundstein genommen, um auf ihm weiter zu bauen. Und so sehen wir namentlich im XIII. Jahrhundert die Ansprüche der Pfalzgrafen wachsen; er nimmt das Recht an sich, die Wahl des neuen Königs auszuschreiben, bei Klagen des Kaisers gegen die Fürsten den Vorsitz im Gericht zu führen, bei Klagen der Fürsten gegen den Kaiser das entscheidende Urteil zu fällen, schliesslich, wenn der Kaiser abwesend oder verhindert ist, als selbstverständlicher und berechtigter Vertreter desselben angesehen zu werden.

Bei der zweiten Wahl Ottos IV. 1208 hören wir, habe der Pfalzgraf sein Berufungsrecht ausgeübt. Die Mainzer Erzbischofsakten berichten, der Erzbischof Siegfried und der Pfalzgraf Heinrich haben die Fürsten aufgefordert, am 11. November in Frankfurt zu erscheinen**).

Dieselbe Nachricht giebt uns die Braunschweiger Reimchronik, die im letzten Viertel des XIII. Jahrhunderts geschrieben ist.

---

*) Schwabenspiegel. Lehnsrecht 41c. ed. Lassberg.
**) Mainzer Erzbischofsakten p. 138.

Von Meynze byscopsh Sighevrit
Und der palanzgreve Heynrich
Boten einen hof vil herzlich
Von des riches wegen zo Vrankenfort
Uf sente Martins tag.

Diesen beiden Berichten stehen zwei andere gegenüber, die die Wahl nur vom Erzbischof ausgeschrieben wissen wollen. Das Chronicum Sampetrinum*) sagt: Moguntinus regiam curiam omnibus principibus Frankenwurt adiendam promulgavit in festo Sancti Martini.

Gottfried von Viterbo berichtet: Otto vero convocatis principibus in Frankenfurt, auxilio Sigfridi archiepiscopi Moguntini communi omnium consensu confirmatus est in regno**).

Bei dem Widerspruch der Quellen muss es dahin gestellt bleiben, ob der Pfalzgraf die Wahl mit ausgeschrieben hat; die Mehrzahl deren, welche über Otto IV. gearbeitet haben, schliesst sich den ersten Quellen an.

Ziemlich sicher ist, dass der Pfalzgraf im Jahre 1251 die Wahl für Richard von Cornwallis ausgeschrieben hat, als der Erzbischof von Mainz sich in der Gefangenschaft des Herzogs Albrecht von Braunschweig befand.

Da es für Richards Partei unumgänglich notwendig war, klarzulegen, dass die Wahl richtig und nach gesetzlichem Brauche vor sich gegangen sei, so hat wohl dieselbe die Theorie aufgestellt, der Pfalzgraf und der Erzbischof von Mainz hätten das Recht, die Wahl auszuschreiben; sei der Eine verhindert, so solle es der Andere thun.

Auf diese Weise war die Richtigkeit der Wahl nur zu begründen. Papst Urban IV. bestätigte nun im Jahre 1263 in einem Briefe vom 31. August diesen von Richards Partei aufgestellten und verfochtenen Grundsatz: infra annum et diem, postquam vacat imperium, talis debet electio celebrari, quacunque parti ipsorum anni et dici, quam ad hoc iidem

---

*) Chron. Sampetr. ed. Stübel p. 51.
**) M. G. XXII. 346.

principes duxerint deputandam et ad archiepiscopum Moguntinum et comitem Palatinum Rheni vel ipsorum alterum alteroque nequeunte vel forsitan non volente pertinet ad electionem ipsam celebrandam diem praefigere ac ceteros electores principes convocare.

Bald finden wir dieses Recht des Pfalzgrafen als gleichberechtigt mit dem des Erzbischofes im Schwabenspiegel wieder: und wenne sie im wellen Kiesen, so suln sie gebieten ein gespräche hin ze frankenfort, daz soll gebieten der bischof von Magenze und der phalzgrave von dem rine bei der acht*).

Für die Wahl des Nachfolgers Rudolfs von Habsburg haben wir zwei Berufungsschreiben, das eine vom Erzbischof Gerhard von Mainz, in welchem er den König Wenzel auffordert, am 2. Mai 1292 zur Königswahl in Frankfurt zu erscheinen. Das Schreiben datiert vom 7. November 1292 aus Neuhaus: Hac itaque consideratione inducti, matura deliberatione prehabita ad electionem futuri regis celebrandam crastinum beatorum Philippi et Jacobi apostolorum pro primo, secundo et tercio peremptorium terminum et locum apud Frankenfurt, prout ad nos ex principatus nostri officio videlicet archicancellariatus prefati sacri imperii spectare dignoscitur, presentibus assignamus, vobis terminum et locum predictos auctoritate presentium nichilo minus intimantis.

Das andere Ausschreiben ist vom Pfalzgrafen Ludwig bei Rhein, in welchem er den König Wenzel zur Wahl am 30. April 1292 einladet. Das Schreiben ist vom 7. Dezember 1291 aus Ingolstadt: Et quia eandem vocationem a principatus nostri officio non est dubium dependere, pro electione futuri regis ad ipsum imperium promovendi locum Frankfurt et terminum proximam quartam feriam post festum beati Georgii proxime venturum pro primo secundo et tercio peremptorium post has nostras litteras vestre magnificentie assignamus ad procedendum nobiscum et aliis, quorum interest in electionis negocio memorato.

---

*) Schwsp. §. 130 a.

Erzbischof Gerhard und Pfalzgraf Ludwig waren Gegner. Der eine wünschte den Grafen Adolf von Nassau, der andere den Herzog von Östreich zum König. Beide scheinen unabhängig von einander ans Werk gegangen zu sein. Der Termin, den der Erzbischof ansetzt, ist der 2. Mai, der des Pfalzgrafen schon der letzte April. Es hatte sich der Pfalzgraf die Wahl von 1256 zu Nutze gemacht und darauf seinen, wie es ihm schien, vollberechtigten Anspruch gestützt. Nun stimmte nur er für den Östreicher, die Stimmen der übrigen Wähler wusste Gerhard auf seinen Candidaten zu vereinigen. Des Pfalzgrafen Bewerber fiel und damit auch des Pfalzgrafen Recht der Berufung. Dies Berufungsschreiben der Pfalzgrafen ist das erste und letzte, welches wir besitzen; später finden wir nirgends mehr eine Beanspruchung dieses Rechtes oder ein Zurückgreifen auf dasselbe.

Am 19. November 1274 wurde der erste Reichstag unter Rudolf in Nürnberg abgehalten. Da der König seine Klage gegen Ottokar vorbringen wollte, so fragte er die versammelten Fürsten, vor wem er zu klagen habe. Et diffinitum est ab omnibus principibus et baronibus, quod Palatinus comes Reni auctoritatem judicandi super questiones quas imperator vel rex movere vult principi imperii, obtinuit et obtinet ab antiquo.

Wie weit dieses ab antiquo zurückgehen soll, lässt sich schwer bestimmen; ich glaube, es ist hier wie bei andern ähnlichen Fällen vorgegangen; der König brauchte für seinen vorliegenden Zweck einen verfassungsmässigen Richter. Dieser wurde bestimmt und, um dem Verfahren grössere Wichtigkeit und weittragendere Bedeutung zu verschaffen, der Zusatz gemacht wurde, der Pfalzgraf habe dieses Recht schon seit langen Jahren. Meiner Meinung nach ist es erst jetzt entstanden.

Übrigens hat der Pfalzgraf dieses Recht nicht lange behalten. Pfalzgraf Otto von Burgund kam im Mai 1295 mit Philipp von Frankreich überein, seine einzige Tochter Johanna solle einen Sohn desselben heiraten und ihm die gesammte Grafschaft, der er sofort für eine hohe Summe entsagte, als Mitgift zubringen. Als nun Adolf von Nassau 1296 auf dem Reichstag von Frankfurt Klage darüber erhob, erkannten die anwesenden Fürsten, der König habe das Recht, jeden Fürsten, den er wolle, zum Richter einzusetzen und vor diesem seine Klage vorzubringen. Diesem Beschluss gemäss setzte Adolf den Landgrafen von Hessen zum Richter an seiner Statt ein. Zu einer Durchführung des Spruches kam es nicht, da Adolf Rücksicht auf den Papst nehmen musste, den einen Krieg mit Frankreich — denn dies wäre ja die unausbleibliche Folge gewesen — nicht haben wollte*).

Noch einmal finden wir den Pfalzgrafen an Stelle des Königs als Richter über einen Fürsten. In Frankfurt erschien 1310 vor dem König Heinrich die böhmische Gesandtschaft unter dem Abte von Königssaal, klagte Heinrich von Kärnten an und forderte ein Gericht. Der König erwiderte, Böhmen sei eigentlich Reichslehen und von Heinrich mit Unrecht in Besitz genommen, die Anklage wies er jedoch an die Fürsten selbst. Diese sprachen unter Vorsitz des Pfalzgrafen die Böhmen von allen Verpflichtungen frei, die sie gegen Heinrich eingegangen seien, weil er damals im Kirchenbann gestanden hätte, und erklärten Heinrich des Königtums Böhmen verlustig**).

Nachdem nun der Pfalzgraf auf dem Tage in Nürnberg den Vorsitz in der Klage des Königs übernommen hatte, fragte der König, wie Ottokar bestraft werden sollte. Die Fürsten antworteten, der Pfalzgraf solle ihn innerhalb sechs Wochen und drei Tagen an einen bestimmten Ort laden, an dem er sich vor dem Pfalzgrafen zu verantworten habe; wage es der Bote nicht, aus Furcht vor Ottokar, zu diesem selbst die Botschaft zu bringen, so solle es genügen, wenn er diese in einer dem Pfalzgrafen gehörigen Stadt bekannt mache, die dem Gebiete des Böhmenkönigs möglichst nahe liege. Die Berufung selbst lautete: Magno principe Ottokaro,

---

*) Franklin Hofgericht II 174.
**) Lindner a. a. O. I. 193.

regi Bohemie, Ludovicus dei gracia palatinus comes Reni, dux Bawarie, inter fiscum et ejus principes judex per sentenciam principum imperii approbatus, legum et justicie tramites revereri. Auctoritate potencium nobis per sententiam principum comitum et baronum in sollempni curia gloriosissimi domini nostri Rudolfi dei gracia regis Romanorum illustris apud Nurenberg sollempniter celebrata, communiter attributa vobis precipiendo mandamus, quatenus X. Cal. Februarius, quem terminum magnitudini vestre de eorundem principum consilio et sentencia pro peremptorio prefiginius, coram nobis apud Nurenberg comparatis, predicto Romanorum illustri regi super injuriis et manifestis violenciis, quas idem rex sibi et imperio a vobis illatas conquiritur, legittime responsuri. Et sive veneritis, sive non, nos nichilominus in eadem causa, quantum juris distaverit et principum sententia decreverit, procedemus.

Wenn auch Ottokar diesem Rufe nach Würzburg keine Folge leistete, da er das Recht des Pfalzgrafen nicht anerkannte, wenn schon nach einigen Jahren die Fürsten sich um die Beschlüsse von 1274 nicht mehr kümmerten und andere Normen für diesen Fall aufstellten, so muss doch festgehalten werden, dass das Recht auf einer Reichsversammlung von den Fürsten anerkannt worden ist, und der Ursprung des Rechtes somit auf staatsrechtlicher Grundlage beruht. Welche Umstände dabei massgebend waren, es 1296 nicht zu beachten, 1310 wieder an das Tageslicht zu bringen, lässt sich schwer bestimmen. Aller Wahrscheinlichkeit nach wusste man 1310 nichts mehr davon, dass 1296 eine Änderung vorgenommen sei, sondern hielt sich an den Beschluss von 1294.

Es ist eine viel umstrittene Frage, ob der Pfalzgraf auch das Recht gehabt hat, in Klagen der Fürsten gegen den Kaiser über letzteren Richter zu sein. Ob Weizsäcker in seiner Schrift: „Der Pfalzgraf als Richter" mit seiner Behauptung Recht hat, 1298, als die Fürsten Adolf von Nassau absetzten, habe dies Recht noch nicht bestanden, da

Gerhard von Mainz den Reichstag beruft, und er die Absetzung des Königs durchsetzt und verkündet, möchte ich nicht mit derselben Bestimmtheit aussprechen. Der Pfalzgraf Rudolf war der Schwiegersohn Adolfs, hatte sich am 17. Juli 1297 im Vertrage zu Wimpfen fest an den König angeschlossen und nahm Anteil an der Schlacht auf dem Hasenbühel bei Göllheim*), wo er das erste Treffen führte. Natürlich war dieser gegen die Absetzung Adolfs und die Wahl Albrechts. Dass ihn bei dieser seiner Gesinnung die Fürsten nicht zum Richter einsetzen konnten, ist selbstverständlich und daher die Leitung der Wahl durch Gerhard von Mainz erklärlich.

Wie wäre es denn auch bei der Ansicht Weizsäckers möglich, dass zwei Jahre später, als es sich um die Absetzung Albrechts handelte, der Pfalzgraf aufgefordert werden konnte, quod ipse judicaret de rege, quia judicium pertinet ad Palatinum; dicebant enim, quod principes moverent querimoniam de rege; qualiter ipse occidisset proprium suum dominum regem Adolfum**).

Ich glaube nicht, dass Weizsäckers Ansicht richtig ist, das Spiegelrecht sei 1298 noch nicht recipiert gewesen. War es bis dahin noch nicht angenommen, dann war es wahrscheinlich zwei Jahre später auch noch nicht in der Weise bekannt, daraufhin die Fürsten zu bestimmen, es als allgemein gültige Rechtssatzung anführen zu können.

Die Stellen in den Spiegeln, auf Grund deren das Recht beansprucht werden konnte, sind, so weit ich gesehen habe, folgende: 1) Schwäbisches Landrecht ed. Lassberg 121c.: daz clagen die fürsten unde anders daz in werre, dem phallentz graven von Rine, wan der is zerehte richter uber den Koning und davon hat diu phallentze vil eren.

2) Schw. Ldr. 130c.: Und wird der Kunc derselben schuld uberkommen, so ist er ze unreht an dem riche, da

---

*) Reg. der Pfalzgr. bei Rhein, herausgeg. von Koch und Wille n. 1394 u. 1395.
*) Herman. Altah. contin. M. G. XXIV, 56.

sol man in umb acclagen vor dem phalzgraven von dem Rine.

3) Sachsensp. ed. Weiske III 52 § 3: wen claget man uber den richter, her sal antworden vor deme schultheizen; wend der schultheize ist richter seiner schult; also ist der phalanz greve uber den Keyser.

4) Vermehrter Ssp. VI 9: also ist der phalenzgreve von ryne over den Keyser richter.

5) Vermehrter Ssp. dist. 21 d. 1: Ober den Koning richten phalenzgraven von deme Ryne, ab her sinen lip vorwerket, mit eynem gulden berten.

6) Sächs. Weichbildr. art. IX 5: dat sol tun die palenzgreve von deme rine, so deme Koninge und deme lande to eneme richtere gesat von wilkore den vorsten.

7) Heinrich v. Rebdorf Ann. 1300: asserentes ad comitem Palatinum pertinere, quod sit officium palatinae dignitatis ex quadam consuetudine de causis cognoscere, quae ipsi regi movebantur[*]).

Der Ursprung dieses Rechtes wird wohl im Schwabenspiegel zu suchen sein, der ja geneigt ist, dem Pfalzgrafen alle möglichen Vorrechte zuzusprechen. Darin hatte er Recht, dass der König zu Gebote stehen musste; aber doch nur in Privatsachen, wenn es sich um Übergriffe königlicher Beamten handelte, um Gebiets- oder Grenzverletzungen, um Einlösung von Pfändern und dergleichen. Und dies meint wohl auch die Goldene Bulle, wenn sie dem Pfalzgrafen das Recht verleiht, den König zu vertreten, da dieser nicht Richter und Angeklagter zu gleicher Zeit sein kann[**]) deshalb war dies Gerichtsverfahren an den königlichen Hof

---

[*]) Böhmer ff. IV. 510.
[**]) Et quavis imperator sive rex Romanorum super causis, pro quibus impetitus fuerit, habeat (sicut ex consuetudine introductum dicitur) coram comite Palatino Reni sacri imperii archidapifero electore principe respondere: illud tamen judicium comes ipse Palatinus non alibi, praeterquam in curia Imperiali, ubi Imperator seu Romanorum rex praesens exstiterit, poterit exercere.

gebunden und konnte nur in Anwesenheit des Königs ausgeübt werden. Aber daran ist nicht zu denken, dass es ein Recht gegeben habe, welches dem Pfalzgrafen zugestand, in einem Gerichte über Staatsfragen den Vorsitz zu führen und das Urteil zu fällen, in welchem die Fürsten oder einer derselben Kläger, der Angeklagte der Kaiser wäre.

Das bei weitem wichtigste Vorrecht des Pfalzgrafen ist das, den Kaiser zu vertreten. Wie schon erwähnt ist, scheint der Ursprung dieses Rechtes in dem „an des Königs Stelle den Bann zu leihen," zu suchen zu sein.

Der Pfalzgraf wird bis über das XII. Jahrhundert hinaus häufig unter den Begleitern des Königs erwähnt. Dies legt die Vermutung nahe, die Stellung habe einen hofamtlichen Charakter getragen. Diese Stellung verschaffte dem Pfalzgrafen bald einen gewissen Einfluss. Und so wird wohl allmählich aus diesem Amte eines königlichen Gerichtsboten und der damit verbundenen Vertretung des Königs in Gerichtssachen die Gewohnheit und daraus wieder ein Recht sich herausgebildet haben, dem Pfalzgrafen gebühre es, in allen Fällen die Vertretung des Königs in die Hand zu nehmen.

Auch bei diesem Rechte finden wir die erste über die Vertretung vor Gericht herausgehende Befugnis in der Zeit des Interregnums. 1267 am 28. Mai stellt der Pfalzgraf Ludwig eine Urkunde aus, in welcher er, weil vacante imperio Romano omnes, feudorum collationes sive ordinationes jure dignitatis officii nostri, quod ab imperio tenemus, ad nos pertineant indifferenter die Verfügung trifft, dass die Tochter des Burggrafen von Nürnberg, wenn er ohne männliche Leibeserben stürbe, alle Lehen erhalten solle*).

Dieses Vorrecht des Pfalzgrafen, er habe, wenn der König behindert sei, in dessen Namen die Lehen mit Ausnahme der Fahnenlehen zu vergeben, sehen wir im Schwabenspiegel anerkannt**) Und wirt ez niht verrihtet umb einen

---
*) Böhmer. Reg Conradins n. 4831.

Kunc inr jurs frist: so suln alle, die leben von dem riche han, iriu lehen emphahen vun dem phalzgraven von Rine, ane die fursten, din suln ir fursten ampt nit von im emphahen. Alle die vanlehen haunt von dem riche daz nitzt fursten ampt ist, diu suln si emphahen von dem phalzgraven vou Rine. Si werden aber davon nit dez phalzgraven man, si werdent des riches man; wan er lihet in sin guoth niht, et lihet des riches guoth...

Die tursten... suln sie diu lehen emphahen von dem phalzgraven von Rine und swer im des wider ist, der vertiust des herren hulde. Diz ere hat der hohe phalzgrave von Rine davon daz er richtaer ist uber den Kunc und sine schulde

Die erste von einen Könige übertragene Vertretung, die dem Pfalzgrafen anvertraut wurde, haben wir aus dem Jahre 1276. Es solle der Pfalzgraf nach dem Tode Rudolfs dessen Stellvertretung in Östreich und Steiermark übernehmen, so lange bis sein Nachfolger einen anderen einsetzen würde. Er habe das Recht ab antiquo, quod vacante imperio principatus, terras, provincias et alia jura imperii custodire debeat, et sinceritate debita conservare, quousque Romano imperio de principe sit provisum per eos vel majorem partem eorum, ad quos provisis huius modi noscitur pertinere. Der Pfalzgraf habe durch persönlichen Eid bekräftigt, er werde mit allen seinen Kräften für das Wohl der ihm anvertrauten Länder eintreten. Die Edlen und Bürger sollen ihn ihrerseits als Leiter und Regierer des Landes anerkennen*).

In dieser Urkunde finden wir es zum ersten Male ausgesprochen, der Pfalzgraf habe das Recht, wenn das Reich ohne Oberhaupt ist, die Reichsgeschäfte zu leiten. Es ist aber ein grosser Unterschied, ob der Pfalzgraf die Vertretung erhält vacante imperio, oder weil der König irgend wie behindert ist, die Herrschaft selbst auszuüben. Aus dem ersten Fall haben die Pfalzgrafen den zweiten abgeleitet so,

---

*) Abgedruckt bei Merkel: Gratulationsschrift, Halle 1861.

dass sie das Vorrecht des vacanten Reiches in ein Vorrecht für alle Behinderungsfälle umwandelten und für sich beanspruchten. Das ab antiquo ist hier wohl ebenso wie 1274 auf dem Tage zu Nürnberg gebraucht. Auf irgend eine von einem früheren Kaiser dem Pfalzgrafen gegebene Urkundliche Belehnung mit diesem Vorrecht kann sich Rudolf nicht stützen.

Der nächste Reichsverweser aus dem Geschlecht der Pfalzgrafen bei Rhein ist Ruprecht der Ältere, der im Jahre 1354 während des ersten Römerzuges Karls IV. die Geschäfte leitete. Weil ihn Karl erst in Italien ernannt hatte, wurde nach Karls Rückkehr ihm die Berechtigung aller von ihm während seiner Amtsdauer ausgeführten Beschlüsse auf versammeltem Reichstage ausgesprochen: Wie Karl bekennen, dass dem Ruprecht dem Elteren ... vor und mit gesammter Urteil ist von Churfürsten und andern Fürsten, da wir zu Gericht sassen in Nürnberg als ein Römischer Kaiser vor Recht sitzen soll, was er oder sein Hofrichter gerichtet haben mit Acht, mit Anteil, mit Nutz ... und Urteilen, aldieweil er unser und des römischen Reiches Vicary in deutschen Landen gewesen ist, dass das alles Krafft und Macht haben und stet bleyben gleycher Wyss, als ob er vor uns selber in unserm Hofe und vor unserm Hofrichter geurteilt und geschehen war; und bestätigen das Alles mit krafft dieses Briefes.

Wenn nun so der Pfalzgraf sich einen gewissen Anspruch erworben hatte, der Vertreter des Kaisers zu sein, so war damit nicht gesagt, dass nur er, kein Anderer die Leitung der Reichsgeschäfte in Behinderungsfällen des Kaiser führen dürfe. Dass die Kurfürsten bis 1423 gar nicht daran dachten, dass Pfalz ein Recht für des Reichsvikariat habe bei Verhinderung, geht daraus hervor, dass sie unter Wenzel stets die Forderung nach Einsetzung eines Reichsvikars überhaupt stellen und verlangen, dass sie dabei gehört werden; wäre Pfalz der gegebene Reichsvikar gewesen, so wäre dies zweck- und sinnlos gewesen. Ebenso hätten die Kurfürsten sich nicht von Jobst und Wenzel versprechen lassen, dass sie ihre Zustimmung zu dem Vikar erteilen sollten.

Ohnehin mussten die Kürfürsten gegen ein solches Recht sein, da es ja geradezu gegenüber dem Wahlkönigtum ein ständiges Nebenkönigtum einer Familie begründet hätte.

Ich glaube nur dann war der Pfalzgraf Stellvertreter des Königs, wenn dieser gestorben und das Reich ohne Oberhaupt war. Ihm lag dann die Leitung des Reiches ob, bis der Nachfolger gewählt worden war. Dies meint auch die Bulle:

Quotiens insuper sacrum vacare contingit imperium, illustris comes Palatinus Reni sacri imperii archidapifer, ad manus futuri regis Rormanorum in partibus Reni et Suevie et in jure Franconico ratione principatus seu comitatus Palatini privilegio esse debet provisor ipsius imperii, cum potestate judicia exercendi et ad benificia ecclesiastica praesentandi, recollendi redditus et proventus et investiendi de feudis, juramenta fidelitatis vice et nomine sacri imperii recipiendi, quae tamen per regem Romanorum postea electum suo tempore omnia innovari et de novo sibi ipsa juramenta praestari debebunt, feudis principum dumtaxat exceptis et illis, quae Vanlehen vulgariter appellantur, quorum investituram et collationem soli Imperatori vel regi Romanorum specialiter reservamus.

Wir finden dem Pfalzgrafen ungefähr dieselben Rechte zuerteilt wie den übrigen Vikaren. Er hat die Gerichtspflege zu üben, die kaiserlichen Benefizien zu verleihen, die Abgaben von denen einzuziehen, die Lehen vom Reiche im Besitz haben und den Treueid entgegenzunehmen.

Der einzige Unterschied wäre der, dass der Pfalzgraf bei jedesmaliger Thronvakanz das Recht der Vertretung mit jedesmal denselben Befugnissen antritt, während die übrigen Verweser ganz nach Willen des Kaisers ernannt wurden und eine verschiedene Machtfülle ihres Amtes erhielten.

Das letzte Vorrecht erwirkte der Pfalzgraf 1375. Es wurde ihm vom Kaiser die Vertretung übertragen, wenn dieser sich auf der Romfahrt befände. „Wir Karl bestätigen wann die Pfalzgraven bei Ryn, die kurfürsten sind, solch Wirdigkeit und Freiheit haben von allen Zeiten .. wann römischer Kayser und Konige über Berg gezogen sind oder ziehen, dass sie dann gemeine Vikarien des Reiches hie diesseits gewesen sind und sein sollen, darumb haben wir Ruprecht den Eltern und seinen Nachkommen die obgenannte Wirdigkeit und Freiheit für uns und unsere Nachkommen bestätigt"*).

Ob diese Bestimmung Karls sich allgemeine Anerkennung erworben hat, ist zweifelhaft. Wenzel ernennt, als er nach Italien gehen will, seinen Bruder Sigmund zum Vertreter, Ruprecht von der Pfalz 1401 allerdings seinen Sohn, den Pfalzgrafen Ludwig**), aber nicht in seiner Eigenschaft als Pfalzgrafen. Diese Würde hat Ruprecht auch als König nicht aus den Händen gegeben. Er wahrt sich damit das Recht des freien Willens, die Vertretung des Kaisers zu bestimmen und sie nicht etwas dem Pfalzgrafen als ihm gebührend zu übergeben. Hätte dieses von Karl gegebene Vorrecht irgend eine weittragendere Bedeutung und allgemeine Anerkennung gehabt, so hätte es doch nicht geschehen können, dass 1418 Friedrich von Nürnberg zum Vikar ernannt wurde, ohne dass der Pfalzgraf Einspruch erhoben hätte. Aber nicht einmal des Pfalzgrafen Name wird bei der Erwählung erwähnt. Zwar macht 1422 Ludwig noch einmal seinen Anspruch geltend, aber mit geringem Erfolge. Wenn es ihm auch gelang, Konrad von Mainz zur Abtretung vom Amte zu bewegen, so erhielt er doch nicht an dessen Stelle die Verwesung.

Zum Schluss möchte ich das Ergebniss der Arbeit über die Pfalzgrafenrechte mit wenigen Worten zusammenfassen.

Das Recht der Berufung zur Wahl ist staatsrechtlich nicht begründet. Die Ausübung geschah das erste Mal infolge einer willkürlichen Rechtsnorm einer Partei, die nur

---

*) RTA. I. 44.
**) Du Mon, corps diplom. 280).

so der Wahl ihres Candidaten eine rechtliche Gültigkeit schaffen konnte, das zweite und letzte Mal, gestützt auf diese Norm, ohne jedoch mit dem Rechte durchzudringen.

Das Recht, in Klagen des Kaisers gegen die Fürsten den Vorsitz zu führen, ist auf versammeltem Reichstag beschlossen und als Recht anerkannt worden. Nachdem aber dieses Amt zweimal ausgeübt war, ist dass Andenken an dasselbe geschwunden, oder es ist zur Ausübung desselben keine Gelegenheit mehr vorhanden gewesen; wir hören nichts mehr davon.

Ein Recht, in Klagen der Fürsten gegen den Kaiser das Urteil zu fällen, hat in dieser Allgemeinheit dem Pfalzgrafen nicht zugestanden. Das Recht hat sich auf Privatklagen beschränkt, war an den Hof und die Person des Königs bei seiner Ausübung gebunden und hat grossen Einfluss dem Inhaber nicht verschafft.

Das Recht, der berufene Reichsvikar zu sein, hat nicht bestanden. Der Pfalzgraf war nur dann Verweser, wenn das Reich ohne Oberhaupt war. Dass 1394 der Pfalzgraf die Verweserschaft bei Lebzeiten eines Königs beansprucht und erhält, ist dahin zu erklären, dass die Fürsten die Gefangenschaft Wenzels einer Thronvakanz gleich erachteten und aus diesem Grunde den Pfalzgrafen gemäss des ihm in der goldenen Bulle zugesprochenen Rechtes zum Vikar erhoben.

Das Recht, des Kaisers Vertreter während der Romfahrt zu sein, hat der Pfalzgraf besessen. Doch hat er nie Gelegenheit gehabt, dieses Amt ausüben zu können.

1372 Mai 30, Mainz. Karl IV. bestellt den Erzbischof Friedrich von Köln zum Reichsvikar.

Karolus quartus divina favente clementia Romanorum imperator semper augustus et Boemie rex notum facimus tenore presencium universis. Incumbentibus nobis assidue negociorum varietatibus in numeris, dum pro felici statu reipublice imperialis animus hincinde distrahitur, dignum estimamus et necessarium arbitramur, utqui tot regionibus nobis commissis provide gubernandis personaliter adesse non possumus, viros fide et circumspeccione probatos in partem nostre sollicitudinis statuamus. Sane licet pridem dum proficisci versus Italiam in subsidium Romane sancte matris ecclesie, que tunc temporis in illis partibus opprimebatur, quamplurimum imperii concitata Romani potencia maiestas cesarea decrevisset, illustrem Wenczeslaum Lucemburgensem Brabancie et Lymburgensem ducem principem et fratrem nostrum carissimum, de cuius fide non inmerito presumpsimus, nostrum et imperii sacri per Alamanniam constituerimus vicarium generalem; quia tamen eundem fratrem nostrum carissimum pro republica et eiusdem imperii statu tranquillo sollicite laborantem in captivitatem, qua adhuc graviter detinetur, dubius bellorum eventus induxit et unde sibi ad regendum huiusmodi commissum vicariatus officium facultas ad presens quelibet est oblata, ut igitur imperii sacri predicti, quod auctore deo in orbe terrarum longe lateque diffusum existit, status tranquillitas et respublica copiosius procurentur, ad venerabilis Friderici archiepiscopi sancte Coloniensis ecclesie sacri imperii per Italiam archicancellarii principis et consaguinei nostri carissimi legalitatis et grate circumspeccionis industria presumpcionem habentes indubiam, advertens eciam precipue sinceram fidem et constantem devocionem ipsius, quibus nos et sacrum promptis et claris judiciis gratanter honoravit imperium, ipsum animo deliberato non per errorem aut improvide sed sano electorum et aliorum principum comitum et nobilium nostrorum et imperii sacri fidelium communicato consilio de certa nostra scientia et imperatorie plenitudine potestatis per infrascriptas partes dominia terras districtus provincias territoria atque loca, videlicet incipiendo iuxta fluvium Reni a montibus dictis Hawenstein a superiori et meridionali parte civitatis Basiliensis per descensum eiusdem fluvii usque ad partes dictas Quatuorofficiorum Flandrie inclusive et signanter per totam Alsaciam et quidquid a predicta huiusmodi parte Reni citra Alpes montanos usque ad partes regni Francie exclusive sub nostra et Romani imperii dicione consistit et similiter ab alia parte Reni, quidquid inter Renum et Sweviam in districtibus et dominiis Briscow, Mortenow et Borgstrasse usque districtum et partes Wedravie necnon ab alia parte Wedravie per et iuxta descensum Reni et per principatus et districtus videlicet Hassiam, Westfaliam, Angariam, Gelriam et ulterius usque opidum Alkmar et terram dictam Watirlant nos et imperium habere dinoscimur, facimus constituimus et ordinamus nostrum et imperii sacri vicarium generalem, dantes ex nunc et concedentes eidem plenam liberam et omnimodam auctoritatem temperalem et generalem jurisdiccionem et gladii potestatem, merum et mixtum et absolutum imperium et etiam administracionem et jurisdiccionem omnimodam contenciosam et voluntariam, vice et auctoritate atque nomine nostris in provinciis principatibus dominiis districtibus civitatibus opidis castris et eorum pertinenciis qualitercumque nominatis et ubicumque nichil penitus excluso consistentibus in terris metis circumferenciis et limitibus supradictis per se vel alium seu alios exercendi animadvertendi in facinorosos et reos homines eosque et rebelles quoscumque puniendi relegandi deportandi ultimo supplicio adicendi ac alias cohercendi racione previa et mediante iusticia, prout criminis qualitas exegerit et delicti ac culpa rebellium et excessus, et ut eciam aput et per se ac suum seu suos commissarios merum et mixtum imperium administracio et jurisdicio huiusmodi contentiosa sive voluntaria in loca et homines cuiuscumque status proeminencie vel condicionis existant, infra terminos et limites predictos consistencia et consistentes, salva semper in omnibus sacrosancta ecclesiastica libertate exerceantur libere secundum quod jus et racio persuadebunt; concedentes nichilominus eidem et illis, quibus hoc conmiserit et in ipsum illam vel illos jure plenario transferentes auctoritatem potestatem et licenciam generalem, collectas et dacia consueta onera realia et personalia ac mixta nobis et nostro imperio debita necnon omnes census redditus jura proventus emolimenta obvenciones conductus thelonia et podagia principatuum dominiorum monasteriorum civitatum terrarum territoriorum districtuum opidorum castrorum villarum et locorum predictorum, ad nos et sacrum imperium pertinencia, exigendi, levandi et recipiendi, salvo dumtaxat fure in premissis et eorum quolibet hactenus usque presens cuicumque quesito, cui presentibus nolumus derogari penas et mulctas, racione previa imponendi levandi et ex causis racionabilibus augmentandi minuendi remittendi in judicio et extra, judeos camere nostre servos acceptandi et defendendi, bona dampnatorum rebellium et reorum justicia exigente confiscandi publicandi officiales, quoscumque sine juris eorum preiudicio ipsis in suis officiis competentis et usque presens in eisdem habiti et quesiti instituendi et destituendi et de omnibus criminibus ordinariis et extraordinariis enormibus levibus publicis et privatis cognoscendi puniendi et execucionem faciendi, eam secundum jura municipalia quam communia seu legis cognicionem et decisionem huiusmodi committendi in integrum restituendi, abolicionem concedendi, infamia tam iuris quam facti notatos publicandi eamque tollendi et super ea dispensandi de causis principalibus et appellacionum ad nos et sacrum imperium interpositarum seu interponendorum quibus libet tamquam noster et imperii in dictis partibus vicarius generalis congnoscendi examinandi decidendi et diffiniendi, et alia que causarum merita requirunt exercendi et exequendi, ferias et nundinas instituendi imponendi collocandi et concedendi, rebelles sacri imperii persequendi et puniendi, privandi et exuendi feodis graciis libertatibus indultis et jurihus quibuscumque temporalibus infames et inhabites reddendi pronunciandi et declarandi ac destitutos privatos vel exutos per se vel alium seu alios eciam per judicium dictum Stillegerichte aut alia que cumque judicia dampnatos et extra jus ut morisese sentencialiter constitutos et positos ad honores status officia jura pristina in integrum libere restituendi decreta statuta et provisiones in predictis omnibus et quolibet faciendi de novo corrigendi facta et in totum tollendi semel et pluries et tociens quociens oportunum fuerit et ordo dictaverit racionis, omnia et singula feuda vacancia et cum vacaverint infra terminos et limites predictos committendi et conferendi, feudis insignibus episcoporum comitum et baronum ac specialiter et expresse illis, que cum vexillis consueverunt recipi et de quibus officialibus imperialis curie de more servitur, dum taxat exceptis et ab illis recipientibus feuda huiusmodi, dum et quociens se casus obtulerit homagii fidelitatis obediencie et devocionis debita juramenta nostro et sacri imperii nomine et vice postulandi et recipiendi, ad canonicatus et prebendas ac dignitates eciam si curate existant personatus ecclesias parrochiales et beneficia et officia ecclesiastica seu temporalia, dum et quociens vacaverint, personas aptas et ydoneas presentandi et eas et ea conferendi dotes et dotalicia ac donaciones propter nupcias admittendi approbandi et confirmandi, mentecaptis curatores et orphanis pupillis et viduis tutores et defensores preficiendi ac tutores et defensores minus legittime datos confirmandi, devoluciones fiscales quorumcumque dominiorum prediorum et agrorum aut hereditatum seu eciam rerum mobilium, dummodo jus et racio illud exegerint nostri et imperii nomine exigendi, tenutam et possessionem talium capiendi et generaliter omnia et singula, que ad legittimum et verum sacri Romani imperii vicarium generalem in locis et terminis sicut premittitur pertinent libere faciendi, eciam si qua ex eis jure vel consuetudine specialius mandatum exegerint in premissis, dantes eciam et concedentes auctoritate cesarea et ·de certa sciencia nostro generali vicario supradicto potestatem plenissimam, notarios publicos et tabelliones cum auctoritate et potestate plenariis creandi faciendi et de tabellionatus officio instituendi seu investiendi, ut moris est per pennam et calamarium, recepto prius ab ipsis et eorum quolibet pro nobis et sacro imperio debite fidelitatis solito juramento, eosque eorum exigentibus commissis privandi et destituendi, ac eciam naturales spurios basthardos et quoslibet de dampnato sive illicito coitu procreates viventibus seu mortuis eorum parentibus rite legittimandi, illustrium principum ducum comitum et baronum filiis dumtaxat exceptis et eos natalibus et ad omnia legittima jura restituendi omnemque geniture maculam ac natalium defectum abolendi, ad omnia et singula jura successionum eciam ab intestato cognatorum et agnatorum honores dignitates temporales officia et ad singulos actus legittimos admittendi et admitti mandandi, sine tamen legittimorum heredum preiudicio, acsi essent de legittimo matrimonio procreati, necnon in et circa premissa quelibet faciendi et libere exercendi, que in talibus necessaria fuerint et eciam oportuna, non obstantibus quibuscumque legibus, constitucionibus consuetudinibus statutis et iuribus municipalibus et localibus generalibus vel specialibus contrariis, quibus omnibus et singulis in quantum presentibus obviare possent, ac si talia specifice in suis capitulis et punctis hic forent inserta et nominatim expressa, de certa nostra sciencia et de plenitudine potestatis cesaree specialiter derogamus, mandantes nichilominus firmiter et districte universis et singulis ecclesiasticis, eciam si pontificali dignitate perfulgeant, et secularibus principibus comitibus baronibus nobilibus ministerialibus militibus clientibus vasallis civitatibus opidis et eorum universitatibus locorum rectoribus et eorundem communitatibus castris villis subditis terrigenis incolis habitatoribus castellanis custodibus officialibus et hominibus quibuscumque provinciarum districtum dominiorum terrarum territoriorum circumferenciarum et limitum predictorum, cuiuscumque eciam preeminencie dignitatis, status, gradus seu condicionis existant, presentibus et futuris, quatenus predictum archiepiscopum Coloniensem nostrum et imperii in terris locis et limitibus supradictis vicarium generalem benigne et absque difficultate qualibet recipiant et admittant et sibi ac officialibus suis, quos ibidem constitnet loco sui omnibus et singulis nostro et imperii nomine fideliter et effectualiter tamquam nobis obediant pareant et intendant, sub penis per ipsum seu constituendos ab ipso infligendis necnon sub pena indignacionis nostre gravissime et centum marcharum auri purissimi, quas ab ipsis qui secus attemptare presumpserint ausu temerario tocies quocies contrafactum fuerit irrevocabiliter per ipsum seu substituendos ab eo exigi volumus et suis usibus, prout sibi videbitur, applicari, presentibus dumtaxat ad nostre maiestatis beneplacitum duraturis presencium sub imperialis nostre maiestatis sigillo testimonio litterarum. Datum Moguncie anno domini millesimo trecentesimo septuagesimo secundo indiccione decima ‖ γ kal. Junii regnorum nostrorum anno vicesimo sexto imperii vero decimo octavo.

De mandato dni... jmperatoris
Nicol. Camericon. ppius

Original mit Majestätssiegel an schwarz-gelber Schnur im Kgl. Staatsarchiv zu Düsseldorf, Kurköln V. 925. Nach durch Herrn Geh. Archivrath Dr. Harless gütigst ertheilter Abschrift.

Vita.

Natus sum Georgius Kupke Posnaniae parentibus Guilelmo et Anna e gente Graeter, quibus adhuc superstitibus vehementer gaudeo. Fidem confiteor evangelicam. Maturitatis testimonium Posnaniae adeptus ineunte vere a. h. s. LXXXVIII Wratislaviae, Berolini, Halis Saxonum historicis, oeconomico-politicis, geographicis studiis incubui.

Docuerunt me viri clarissimi: Breslau, Caro, Conrad, Droysen, B. Erdman, Haym, Hintze, Kirchhoff, Klebs, Koser, Lindner, Löning, Löwenfeld, Ed. Meyer, Naudé, Partsch, Robert, Rodenberg, Schäfer, Schmoller. Seminariis, quae moderantur Schäfer, Caro, Droysen, Ed. Meyer, Lindner, Conrad, interesse mihi licuit. Omnibus quos nominavi viris cum gratum conservabo animum tum Conrado et Lindnero, cui quantum debeam vix possum dicere.

Thesen.

I.
Auch vor der Goldenen Bulle hatte kein Stand das Recht, den König abzusetzen.

II.
Der Bericht Cäsars (Bellum Gallicum VI, 22) über den Agrarzustand der Germanen widerspricht nicht dem von Tacitus (Germania cap. 26) geschilderten Zustande.

III.
Die Räumung Belgiens 1794 durch die Österreicher ist aus politischen Gründen erfolgt.